Werner Bergengruen
Von baltischer Reiselust

Werner Bergengruen

Von baltischer Reiselust

Erzählungen

Zusammengestellt und mit einem
Nachwort von N. Luise Hackelsberger

nymphenburger

Besuchen Sie uns im Internet unter
www.nymphenburger-verlag.de

Schutzumschlag: Wolfgang Heinzel
Umschlagmotiv: akg-images, Berlin (H. Egedius/»Aus Vaga«)
Satz: Schaber Satz- und Datentechnik, Wels
Gesetzt aus der 11,2/13,75 Punkt Stempel Garamond in PostScript
Druck und Binden: GGP Media, Pößneck
Printed in Germany
ISBN 3-485-00985-7

Inhalt

L'Inconnue

In den sechziger Jahren des vorigen Jahrhunderts verfiel die russische Eisenbahnverwaltung auf den abenteuerlich anmutenden Gedanken, zur Hebung des Verkehrs gegen eine Vergütung von außerordentlicher Höhe Johann Strauß für eine Reihe von Konzerten zu verpflichten. Diese Konzerte fanden in Pawlowsk statt, einem viel besuchten Luftort an der von Petersburg nach Zarskoje Selo führenden Bahnstrecke. Die Berechnung erwies sich als richtig: Aus ganz Russland strömten Reisende nach Petersburg, und das Wagenmaterial reichte kaum zur Zusammenstellung der notwendig gewordenen Sonderzüge nach Pawlowsk aus.

Wien, Europa hatten Strauß vergöttert, und mit kindlich sich immer wiedergebärender Freude hatte er diese Vergötterung genossen, ewig von neuem betroffen und erstaunt, aller Gewöhnung zum Trotz. Denn dieser sonderliche Mensch war bescheiden, ja, in allen Dingen, außer denen der Liebe, war er scheu und ängstlich, ständig zu gewaltsamer Selbstüberwindung gezwungen. Was ihn in Petersburg erst erschreckte, dann berauschte, ja fast betäubte, war nicht der Enthusiasmus der Menschen, sondern die ungebändigte Steppenwildheit seiner Äußerungen.

Indes er sich einigen, an sein leichtes Herz greifenden Liebesbeziehungen überließ, hatte er Mühe, sich der ungezählten anderen zu erwehren, deren Möglichkeit, beinahe Notwendigkeit sich ihm täglich von neuem erschloss.
Aus der Fülle der Erlebnisse jener Zeit hob sich eins auf wunderliche Weise hinaus. An jedem der Abende, an denen er in Pawlowsk am Dirigentenpult stand und die unerschöpfbare Mannigfaltigkeit seiner schwebenden Rhythmen hinströmen ließ, fand er in der Pause im Dirigentenzimmer einen Strauß weißer Rosen, dessen Begleitkarte Abend für Abend die gleichen Worte trug: *»En signe d'adoration présenté au maître Jean par L'Inconnue.«* Inmitten aller Extravaganzen, aller Gewalttätigkeiten und geräuschvollen Hingabe, mit welcher die Scharen seiner Verehrerinnen den schönen Dreißiger mit der elfenbeingelben Hautfarbe und dem wirren Lockenkopf bestürmten, rührte ihn die zarte Bescheidenheit dieser beharrlichen Huldigung, die sich nicht einmal davor zu scheuen schien, durch ihre treuherzige Wiederholung dem Gefeierten zur Alltäglichkeit, zur Gewöhnung zu werden. Umsonst forschte er der Herkunft der Rosen nach: ein Geheimnis, standen sie da, einen Abend um den anderen. Umsonst mühte sich seine Fantasie, die Gestalt der *Inconnue* zu beschwören und zu körperlicher Bildung werden zu lassen: Diese Fantasie war geschaffen und gewohnt, sich im Reiche schwebender und fließender Gefühle zu bewegen: Plastische Schöpfung war ihr versagt. Sie weigerte sich, ein Bild der geheim-

nisvoll Liebenden zu schaffen, allein sie schenkte ihm willig den Rhythmus seiner Empfindungen, den er in die Polka *»L'Inconnue«* bannte. Er brachte sie zur Aufführung, ihre Takte sprangen über alle Lippen, allein die, welcher sie allein galten, allein angehörten, blieb die *Inconnue*, die sie gewesen war.

Sein Leben war reich, klingend und hell. Als Petersburg hinter ihm lag, verschwand auch *L'Inconnue* aus seinem Gedächtnis.

Zwei Jahre später kehrte er nach Petersburg zurück. Als er am Abend des ersten Konzerts das Dirigentenzimmer betrat, fiel sein Blick, der unwillkürlich die Stelle gesucht haben mochte, auf einen Rosenstrauß von der gleichen Art und Farbe, und wieder trug die weiße Karte in der gleichen Handschrift die gleichen Worte: *»En signe d'adoration présenté au maître Jean par L'Inconnue.«*

Strauß erschrak. Hatte er das vergessen können? Haftete denn nichts in diesem gleitenden, ja im Dreivierteltakt beschwingt hingleitenden Leben? Zum ersten Male streifte ihn ein Schauer, denn zum ersten Male spürte er, dass dieses Gleiten, dieses Dahingleiten nicht nur Element der Schöpfungsgüte, der Lebensfreude, der Zärtlichkeit war; es war zugleich das des Hinschwindens, das der Vergänglichkeit. Allein solcher Gedanke konnte nicht bestehen, und bald nahm er die Rosen hin, wie wir einen ganzen Monat lang in beglückter Zerstreutheit Maienlust und Maienblüte hinnehmen und nur selten innehalten und erstaunt sagen: »Das ist ja der Mai.«

Alles war wie damals. Wieder rollte Sonderzug um Sonderzug nach Pawlowsk, wieder musste Strauß blaue Brillen und falsche Bärte tragen, musste durch Hintertüren in abenteuerlichen Vermummungen Hotel und Konzertgebäude verlassen, und wieder empfingen ihn mit treuherziger Regelmäßigkeit Abend für Abend die weißen Rosen im Dirigentenzimmer. Am letzten, schon von Abreisevorbereitungen zerrissenen Tage seiner Petersburger Zeit wurde ihm unter vielen achtlos beiseite geworfenen Visitenkarten auch ein Kärtchen gebracht, dessen vertraute Handschrift anstatt eines Namens nur die Worte wiederholte, welche die Rosen auf dem Tisch des Dirigentenzimmers begleitet hatten. Strauß befahl, die Dame zu ihm zu führen.

Zaghaft und mit unbeholfenen Bewegungen trat ein gut gekleidetes Mädchen von vielleicht sechzehn Jahren herein. Unter dem reichen blonden Haar glühte das Gesicht vor Scham und Erregung. Die kindlich mageren und eckigen Schultern zuckten, und in den großen grauen Augen standen Tränen.

Strauß ergriff fröhlich des Mädchens Hand und führte es zum Sofa. »Kleine Inconnue«, sagte er zärtlich, »nun müssen Sie mir auch Ihren Namen sagen.«

Sie hieß Alexandra Platonowna Skorobojewa, aber zu Hause nannte man sie Schurotschka.

»Kleine Schurotschka, wollen Sie Ihre Polka hören?« Er ging zum Klavier und spielte. Dann saß er neben ihr, streichelte ihr zart das Haar, fütterte sie mit Kon-

fekt. Sie strahlte, wie nur ein Kind von sechzehn Jahren zu strahlen vermag.
Plötzlich begann sie zu schluchzen. »Ich muss Ihnen ein Geständnis machen«, sagte sie stockend. »Ich habe Sie betrogen.«
»Kleine Inconnue, kleine Connue«, tröstete er. »Bei mir dürfen Sie nicht weinen. Was haben Sie denn getan?«
Sie erzählte, von kinderhaftem Weinen häufig zum Innehalten gezwungen: »Die Rosen sind aus Papas Gewächshaus. Damals ... damals vor zwei Jahren ... da war ich es ja gar nicht ... da war es meine Schwester.«
»Aber Schurotschka, das braucht Sie doch nicht traurig zu machen! Jetzt waren Sie es. Und ich habe so große Freude an Ihren Rosen gehabt.«
»Meine Schwester hat Sie so geliebt, – aber ich habe Sie auch so geliebt, seit ich Sie zum ersten Mal sah, nein, als ich nur von Ihnen gehört hatte, da habe ich Sie schon geliebt. – Und dann hat meine Schwester sich doch verlobt«, fuhr sie ernsthaft fort, als müsste der Meister das ja längst wissen. »Und da hat sie das Geheimnis mir ... mir ...« Sie verstummte.
»Ihnen geschenkt«, ergänzte Strauß lächelnd.
»Nein ... nein ... verkauft hat sie es mir«, stammelte die Kleine beschämt.
»Nun, und wie hoch stand es denn im Preise?«
»Ich habe ihr zwei Pfund kandierte Früchte gegeben und ... und meine Angorakatze!«
Bei diesem hastig hervorgestoßenen Wort »Angora-

katze« flog ein Schatten von einem großen Kinderschmerz über ihr anmutiges Gesicht. Sie hatte das Liebste fortgegeben, was sie besaß.

»Aber fünfundzwanzig Karten hat sie mir dafür auch noch schreiben müssen«, sagte sie dann mit einem glücklichen Lächeln.

Strauß zog sie an sich und küsste sie auf die Lippen.

»Connue, Connue«, sagte er, »liebste, liebste Connue.«

Dann schob er sie sanft aus dem Zimmer.

Die Abreise war nicht mehr rückgängig zu machen. Von unterwegs schrieb Johann Strauß an den erblichen Ehrenbürger Platon Petrowitsch Skorobojew einen Brief, in welchem er ihn um die Hand seiner Tochter Alexandra Platonowna bat.

Platon Petrowitsch Skorobojew war ein Kupez. Dieses Wort bedeutet eigentlich nichts weiter als Kaufmann; doch brauchen die Russen es gern, um eine besondere Gattung von Kaufleuten zu bezeichnen, nämlich das, was ihnen als Kaufmann klassischer Gestalt erscheint. Ein richtiger Kupez besitzt mehrere Millionen Rubel, trägt aber hohe Stiefel und einen altrussischen Kaftan, trinkt seinen Tee aus der Untertasse, bekreuzigt sich vor und nach dem Essen den Mund, hat eine träge, dicke, Süßigkeiten liebende Frau und hübsche Töchter, die gern einen Gardereiter heiraten möchten, meist aber mit dem Sohn eines Geschäftsfreundes vorlieb nehmen müssen und mit der Zeit ebenfalls träge und dick werden. Süßigkeiten aber lieben sie schon vorher.

Als Platon Petrowitsch Skorobojew den Brief des Kapellmeisters gelesen hatte, da spuckte er dreimal in sein Taschentuch und sagte zu seiner Frau, es sei Zeit, daß Schurotschka in ein Genfer Pensionat geschickt würde. An Johann Strauß aber entwarf er einen Brief, den sein Prokurist ins Französische übersetzen musste. In diesem Brief stand zu lesen, Mr. Skhoroboieff danke für die ihm zugedachte Ehre, bedaure jedoch, sie ablehnen zu müssen. Als aber dieser Brief in Wien eintraf, da hatte Johann Strauß bereits seine Liebschaft mit der schönen Henriette Treffz begonnen.

Süße Jugend

Dicke Männer sind gutmütig oder von träger Bosheit. Pompeo ist gutmütig. Wir sind uns klar, dass damit über sein sonstiges Wesen noch nichts mitgeteilt ist – denn es kann ja niemand aus Gutmütigkeit allein bestehen, ebensowenig wie (trotz Molière) aus Geiz –, doch wird sich dies nachholen lassen. Übrigens können wir gleich hinzufügen, dass Pompeo bequem ist; es fällt ihm nicht ein, Dinge selber zu tun, die sich etwa durch Bediente erledigen lassen, zum Beispiel durch Stefanuccio.
Stefanuccio ist ein armer Teufel, darum hat Pompeo ihn in Dienst genommen, obwohl er eigentlich Leute genug hat. Solche Mildtätigkeit lohnt Gott, und so erweist es sich bald, dass Stefanuccio wirklich ein Gewinn ist. Unter Stefanuccio haben wir uns einen hübschen Jungen von sechzehn Jahren zu denken, gutwillig, anstellig, verschwiegen und auf seines Herrn Bestes bedacht.
Pompeo hat eine Leidenschaft für die Dame Letizia, Gattin des Provveditore.* Es ist unglaublich, findet er, wie diese Leidenschaft ihm zusetzt. Er hat der Dame Letizia schon eine ganze Weile mit seinen Auf-

---

* altertümlich: Lieferant

merksamkeiten gedient, und natürlich hat sie ihm das mit mancher kleinen Huldandeutung gelohnt, wie sollte es anders sein, Pompeo ist ja ein stattlicher Mann, ein schöner Mann, ein leidenschaftlicher Mann, ein Mann in den besten Jahren; in jenen Jahren nämlich, in denen die Leidenschaft schon etwas wert ist – die jungen Bengels sind entzündet von selbst, darauf braucht sich keine Frau etwas einzubilden.

Pompeo meint, wenn der Weizen reif ist, dann muss er geschnitten werden. Außerdem weiß er, dass der Provveditore heute Abend eine höchstwichtige Sitzung hat. Und zur Vorbereitung dieser höchstwichtigen Sitzung hat er am Nachmittag eine hochwichtige Unterredung mit einem wichtigen Beamten. Diese Umstände also schicken sich prächtig zum Weizenschnitt.

Nur das Erntewetter gibt zur Missbilligung Ursache. Es ist windig und kalt, bald regnet es und bald schneit es, man kann sich nasse Füße holen, und nasse Füße sind der Anfang aller Krankheit. Natürlich sind nasse Füße der Leidenschaft gegenüber nicht in Anschlag zu bringen, das sieht jeder ein. Aber es geht doch kein gescheiter Mensch bei solchem Wetter aus seinem behaglichen Hause, wenn er nicht gewiss ist, dass der Gang auch zum Ziele führen wird. Kurz, der Leidenschaftliche wünscht sich zu vergewissern, und so schickt er seinen Stefanuccio mit einer Anfrage zur Dame Letizia, sie ist ja nicht nur eine liebreizende, sondern auch eine verständige Frau, da wird sie es schon begreifen.

Stefanuccio kommt also in ein sehr herrschaftliches Haus und wird von einer Zofe, die ihn wohlgefällig ansieht, zur Dame Letizia ins Erkerzimmer geführt; und die Dame Letizia, welche auf einem Teppichbett voll bunter Kissen sitzt, sieht den Boten ebenfalls wohlgefällig an.

Er macht seinen Kratzfuß und er wird ein klein bisschen rot, weil die schöne Dame ihm so freundlich ins Gesicht blickt, und dann richtet er seine Anfrage aus mit seinem hübschen Lächeln und mit viel Höflichkeit, ganz so, wie es ihm von seinem Herrn aufgetragen worden ist. Er will noch weiterreden und etwas von der ungemeinen Beseligung sagen, die sein Herr empfinden würde, wenn die Dame Letizia ihm erlauben wollte, den Abend in ihrer Gesellschaft zu verbringen, aber da sieht er plötzlich, dass alle Freundlichkeit aus den Mienen der Dame verschwunden ist; sie hat ganz zornige Augen und eine rote Gesichtsfarbe bekommen, und ihre Lippen und Nasenflügel haben angefangen zu zittern. Stefanuccio starrt sie erschrocken an, er verstummt und kann nicht begreifen, was er wohl verfehlt haben möchte.

»Ja, was denkt sich denn dieser Mensch?«, ruft die Dame Letizia. »Hat er nicht so viel Zartgefühl, um zu wissen, dass man Botschaften solcher Art nicht einem Bedienten anvertraut?«

Stefanuccio schlägt die Augen nieder und weiß nichts zu erwidern, während die Dame Letizia weiterschilt. Endlich aber fasst er sich ein Herz, denn er muss doch seinen Herrn in Schutz nehmen, und so spricht

er von Pompeos reifen Jahren und von dem schlechten Wetter und dem nachteiligen Einfluss nasser Füße auf die Gesundheit. Indessen erreicht er hiermit nichts, denn jetzt wird die Dame noch zorniger. »Nasse Füße!«, ruft sie ein Mal über das andere und dann wiederholt sie: wofür Pompeo sie halte, dass er eine solche Anfrage durch einen dritten (eigentlich hatte sie abermals »Bedienten« sagen wollen) an sie richte? Stefanuccio ist nun dunkelrot geworden. Er stammelt ängstlich, sie möge doch ihm nicht zürnen, er befinde sich ja in Abhängigkeit von seinem Herrn, und die Bestellung sei ihm aufgetragen worden.
Die Dame Letizia hat ein weiches Herz. Sie hat ja doch dem hübschen kleinen Stefanuccio nicht wehtun wollen, er kann gewiss nichts dafür und hat zu tun, was ihm befohlen wird. Wenn man gerecht ist, dann muss man zugeben, dass eine unzarte Botschaft nicht zarter ausgerichtet werden kann, als er es tat. Ja, das kann einen zur Rührung stimmen, dass so ein süßer Junge von einem dicken alten Mann abhängig sein muss! Und sie denkt daran, dass sie selber ja von ihrem Provveditore abhängt und wie traurig es ist, dass die süße Jugend so schnell und in Abhängigkeit dahingeht. Und nicht wahr, er selber habe doch zuviel Zartheit des Gefühls, als dass er je einer Frau eine solche Botschaft durch einen anderen Menschen senden könne? Dabei fährt sie ihm mit der Hand über das Haar. Ob er denn jemals schon mit einer Frau zu schaffen gehabt habe in Zärtlichkeit?
Stefanuccio schüttelt den Kopf, und das sieht man

schon, er versteht nichts von diesen Dingen, wie sollte er denn Erfahrungen haben in seinen Jahren, und nun klopft die Dame Letizia ihn auf die Wange, die sich kinderweich anfühlt und mit einem Flaum wie eine junge Frucht. Soviel Mitleid fühlt sie für ihn und für sich selber und für all das Hübsche und Zarte in der Welt, das von selbstsüchtigen, kaltherzigen Männern und von strengen Umständen in Abhängigkeit gehalten wird, dass ihr fast die Tränen aufsteigen möchten; denn sie hat ja gesehen, dass sie hart mit diesem armen Jungen gewesen ist, so hart, dass ihm auch schon die Tränen haben aufsteigen wollen. Da fängt sie an, ihn zu trösten und ihm liebreich zuzureden, wir sagten ja schon, dass sie ein weiches Herz hat.

Inzwischen hat der Provveditore mit dem wichtigen Beamten jene hochwichtige Unterredung gehabt, auf Grund derer er am Abend seine höchstwichtige Sitzung haben wird. Es bleiben ihm noch ein paar Stunden Zeit, und so geht er nach Hause, um sie auf eine behagliche Art hinzubringen. Die Dame Letizia aber hat Wichtiges und Hochwichtiges und Höchstwichtiges vergessen über dem einen: dass sie den süßen Jungen trösten muss über die harten Worte, mit denen sie ihm wehegetan hat, und über die Abhängigkeit, in der er lebt, und über alle Kümmernisse von der Welt.

Während aber der Provveditore noch mit dem wichtigen Beamten sein Hochwichtiges beredet, hat Pompeo in seinem Lehnstuhl gehockt, die Füße am Koh-

lenbecken, und hat immer wieder nach der Wanduhr geschaut. Es ist ihm nicht verständlich, warum denn Stefanuccio nicht längst mit der Antwort zurückgekehrt ist. Endlich springt er auf und läuft in seinen Filzschuhen im Zimmer hin und wieder. Er sieht aus dem Fenster, er findet das Wetter erbitternd, er überlegt noch eine Weile in seiner Leidenschaft, dann aber wirft er die Filzschuhe von sich, und eine Viertelstunde darauf schreitet er durch Nässe und Kälte mutig dem Hause des Provveditore zu.
Die Dame Letizia sitzt auf ihrem Teppichbett mit den vielen bunten Kissen. Pompeo steht vor ihr, legt die Hand aufs Herz und seufzt zärtlich, ehe er zu reden beginnt. Er habe sich erlaubt, vor zwei Stunden seinen Diener mit einer gewissen Anfrage zu ihr zu schicken, und er würde eine ungemeine Beleidigung empfinden, wenn die Dame Letizia ... ach, sie kenne ja seine Gesinnungen! ... ja, und nicht begreifen lasse es sich, dass der Diener noch nicht heimgekommen sei, und so habe denn er selbst, aller Schädlichkeit des Wetters Trotz bietend ... Oder ob der Diener am Ende gar nicht hier gewesen sei? Kurz, nun habe die Leidenschaft ihn selber hergetrieben.
Die Dame Letizia hat die Absicht gehabt, ihrem Verehrer sehr heftige Vorwürfe zu machen, noch heftigere, als die sie unmittelbar nach dem Empfang seiner Botschaft ausgestoßen hat. Aber da merkt sie, dass sie ja gar keinen Zorn mehr empfindet, denn im Grunde ist doch Pompeo mit seiner Botschaft der Urheber ihrer Beglückung gewesen. Also ruft sie er-

staunt: »Wie? Ihr Diener ist noch nicht zurückgekehrt?« Das ist ihr ebenso unverständlich wie ihm. Dann aber findet sie die Erklärung.

Ja, das kann sie nicht verschweigen, sie ist ein wenig böse gewesen auf Pompeo, dass er eine so zarte Anfrage einem Diener anvertraut hat.

»Nein, nein, Sie brauchen nicht ein so erschrockenes Gesicht zu machen, ich habe mich längst ausgesöhnt. Aber um den armen Jungen tut es mir Leid, ich habe ihn ein bisschen ausgezankt in der ersten Erregung, da ist er ganz traurig davongelaufen, und nun fürchte ich, er irrt in dem argen Wetter auf den Straßen umher und traut sich nicht zu seinem Herrn, er ist ja von so schüchterner Sinnesart. Und das müssen Sie mir doch zugeben, dass es keine sehr ritterliche Art ist, einer Dame aus solchem Anlass einen Bedienten zu schicken.«

Pompeo will sich verteidigen und entschuldigen und von seiner Leidenschaft reden und von der nachteiligen Einwirkung nasser Füße auf die Gesundheit, allein da unterbricht er sich plötzlich, deutet mit der Hand auf das Fenster und ruft: »Der Provveditore! Auf der Straße! Er kommt.«

Die Dame Letizia springt auf und schaut nach: wahrhaftig, der Provveditore, in zwei Minuten wird er oben sein!

Es kann nicht verschwiegen werden, dass Pompeo ein wenig zu zittern beginnt und recht laut schnauft. Die Dame Letizia aber fährt plötzlich auf ihn zu und ruft: »Ziehen Sie Ihren Degen! Los! Keine Erklärun-

gen! Rennen Sie die Treppe hinunter, laufen Sie wütend an meinem Mann vorbei! Wenn er Sie fragt: keine Antwort! Geschwind!«
Pompeo stammelt: »Was denn? Wieso? Sie meinen? Was soll das bedeuten, Letizia?« Und dabei wirtschaftet er an seinem Degen herum, halb bestürzt und halb schon gehorsam.
»Eine Komödie! Los! Laufen Sie!«
Sie drängt ihn zur Tür, er zieht im Laufen seinen Degen und ist verschwunden.
Der Provveditore tritt ein und ruft: »Was sind denn das für Tollheiten?«
Die Dame Letizia hat sich gegen die Kissen gelehnt und fächelt sich Luft zu. »Mein Gott!«, flüstert sie. »Gib mir das Riechsalz!«
Allmählich erholt sie sich, allmählich kann sie berichten. Ein junger Bedienter hat sich in das Haus geflüchtet. »Retten Sie mich!«, hat er geschrien. »Verstecken Sie mich! Er will mich umbringen!« Letizia fragt, er hatte das Unglück, seinem Herrn Pompeo einen kostbaren Kristallpokal zu zerbrechen, ein Familienstück. Letizia hat ein weiches Herz, und nicht wahr, Pompeos leidenschaftliche Gemütsart ist ja bekannt, der ist imstande, über eine Kleinigkeit so zornig zu werden, dass ihm eine Bluttat nichts ausmacht. Also hat Letizia den Verfolgten unter dem Teppichbett versteckt, Pompeo ist in Raserei mit bloßem Degen ihm nachgestürzt. Letizia aber hat ihm gesagt, er müsse sich geirrt haben, in dies Haus sei der Diener nicht gekommen.

Das also erzählt Letizia dem Provveditore und dann lehnt sie sich wieder zurück und fächelt sich Luft zu und ächzt: »Diese Aufregung! Nein, diese Aufregung!«
Der Provveditore streichelt sie und rühmt ihr mitleidiges Herz, und über dem kommt Stefanuccio unter dem Teppichbett hervorgekrochen. Er macht einen tiefen Diener vor dem Provveditore, und der sagt: »Na, nun bedanke dich bei der gnädigen Frau und sieh zu, dass du deinem Herrn keinen Anlass zum Zorn mehr gibst.«
Was aber tut Pompeo indessen? Pompeo achtet nicht auf Kälte und Wind, er geht durch die Gassen wie ein Betrunkener, fast hätte er vergessen, seinen Degen wieder einzustecken. Er taumelt vor Glück, Tränen laufen ihm aus den Augen!
Natürlich hat Pompeo nicht begriffen, worin die Fabel der Komödie bestand, in der er so bravourös hat mitspielen dürfen mit gezogenem Degen und rollenden Augen und schnaufendem Atem. Aber er hat eine Komödie gespielt und einen eifersüchtigen Ehemann betrogen, haha, einen wundervollen Streich hat er ihm gespielt, toller, junger Bursche, der er ist! Einen kleinen Zank gab es zwar mit der Dame Letizia, aber was will das sagen, unter Liebesleuten ist es nicht anders!
»Nein, ich bin nicht dick«, denkt er, »nein, ich bin nicht schwerfällig, nein, ich bin nicht alt! Ich habe ein Abenteuer erlebt, ich habe einen zärtlichen Liebeszank gehabt, ich habe eine wundervolle Komödie

gespielt, einen göttlichen Spaß, und wie bin ich behende gewesen und wie verliebt und zu jedem wilden Begebnis aufgelegt!«

Daheim findet er Stefanuccio noch immer nicht vor. Pompeo nickt voller Rührung und meint: »Das ist die wahre Treue, die sich ein scheinbares Missgeschick des Herrn so zu Herzen nimmt!« Und er befiehlt, Stefanuccios Bett vorzuwärmen und ihm heißen Glühwein zu bereiten, damit der brave Junge seine Treue nicht mit einer Halsentzündung büßen muss, und einen neuen Mantel wird er dem Stefanuccio ebenfalls machen lassen, einen recht warmen und stattlichen!

Und während er, Stefanuccio erwartend, Filzschuhe an den Füßen, im Lehnstuhl vor dem Kohlenbecken sitzt, da schluchzt er vor sich hin und wiederholt immer von neuem: »Es ist ja wahr, es ist ja wahr, es gibt nichts Herrlicheres als die Jugend. Liebe und Geld und Macht und Bequemlichkeit und selbst warme Füße, das alles ist nichts gegen das eine süße Gefühl der Jugend!«

Der Seeteufel

Holmberg war Kapitän eines Revaler Segelschiffes. Es ist lange her, und damals gingen Revaler Segelschiffe noch auf große Fahrt. Holmbergs hatten keine Kinder und kein Zuhause. Wenn sie in Reval waren, wohnten sie bei Verwandten; dies war gastweise. Holmberg hatte eine Wohnung nehmen und für seine Frau einrichten wollen, aber sie lachte ihn aus: »Du glaubst, ich lasse dich allein an Bord? Du wirst alles zum Schinder gehen lassen, wenn ich nicht hinter dir her bin!« Und so hat er keine Fahrt tun dürfen ohne die Frau; sie war eine Kapitänstochter und von Jugend an mit aller Schifffahrt vertraut.

Seeleute trinken gern, Holmberg trank auch. Aber die Kapitänin hasste den Schnaps und alle seine Liebhaber. Sie selbst bewachte die Vorräte; kleinere Schnapsportionen sind auf keinem Schiff ausgegeben worden als auf der »Ulrike«. Sie selber hieß so, sie hatte es durchgesetzt mit ihrem harten Willen, dass die Reederei den neuen Segler auf ihren Namen taufte; Gott weiß, wie sie das zuwege gebracht hat.

Die Reederei ist noch mit keinem Kapitän so zufrieden gewesen wie mit Kapitän Holmberg. Aber das liegt nicht an ihm, das liegt an der Frau. Vielleicht war er von Hause aus nicht schlechter als andere, aber dann ist er geworden wie ein verprügelter Hund, sodass er kein Zutrauen mehr hatte zu sich selber und nichts Rechtes zustande brachte. Allein, das tat nichts, die Kapitänin hatte jede Gewalt über ihn und das Schiff, so ging alles wie am Schnürchen. Die Kapitänin war ein kurzgewachsenes Frauenzimmer, aber scharf und grob wie gehacktes Bauernschrot. Unablässig schrillte ihre Stimme. Nachts kontrollierte sie die Wache. Sie verdrosch eigenhändig die Schiffsjungen.

Wie Holmberg von seiner Frau dachte, das weiß man heute nicht mehr. Aber der Steuermann Pridik und die Mannschaft hassten sie wie das Feuer. »Der Seeteufel« hieß sie bei den Leuten.

Die »Ulrike« sollte wieder auf große Fahrt gehen, einerlei wohin, vielleicht zum Kabeljaufang bei Island oder den Lofot-Inseln. Die Kapitänin hustete und fieberte, sie hatte rote Flecken auf den Wangen. Holmberg sagte: »Bleib diesmal zu Hause, Ulrikchen. Du wirst krank werden.« Sie lachte ihn grimmig aus und fuhr mit. »Das ganze Schiff kommt zum Teufel, wenn ich es euch allein lasse.«

Eine längere Weile waren sie schon unterwegs, da merkte die Mannschaft die Veränderung. Die Kapitänin kam nachts seltener an Deck; Hustenanfälle erstickten ihr Geschimpf, endlich blieb sie ganz in der Kajüte.

Eines Morgens erschien Holmberg mit verstörtem Gesicht, ließ die Mannschaft antreten und sagte:

»Die Kapitänin ist gestorben. Nachher kann jeder herunterkommen und Abschied nehmen.«
Da lag sie auf dem weißen Laken in ihrem Sonntagskleid, die Hände gekreuzt vor der Brust, und die Nase war noch spitzer als bisher. Der Reihe nach traten die Leute ein, blieben vor der Toten stehen, falteten die Hände und dachten Gott weiß was.
Holmberg trug den Todesfall umständlich ins Schiffsjournal ein, seine Finger zitterten dabei; vielleicht hatte er Mühe zu begreifen, dass von nun an sein ganzes Leben anders werden musste. Die Leute aber redeten dreist miteinander, wie sie ihr die letzte Ehre geben wollten. Kräftig angepackt, ein fröhlicher Schwung, über Bord, ein Aufklatschen und nichts mehr! Den Seeteufel hat der Teufel in die See geholt! Und dann sollte der Alte Schnaps ausgeben, der abgefahrenen Seele zu Ehren! Er sollte Schnaps ausgeben, heute und alle Tage, von nun an!
Aber es kam anders. Denn in der letzten Nacht hat die Kapitänin den Mann gezwungen, vor ihrem Lager niederzuknien und die Hand zu heben. In Reval will sie begraben sein, neben ihren Eltern. Er hat schwören müssen, sie nach Reval zu bringen. Auch als Tote will sie ihre Krallen nicht abziehen von dem Schiff, das ihren Namen trägt.
Holmberg teilt das der Mannschaft mit, verlegen und unter vielem Räuspern. Er bespricht sich mit dem Steuermann, und dann gibt er seine Befehle.
Nun vollzieht sich ein Vorgang, der an Bord nicht herkömmlich ist, nämlich eine vorläufige Beisetzung.

Die Mannschaft muss im Laderaum antreten. Da stehen sie gedrängt in dem engen, dunklen, mannigfach verstellten Behältnis und sehen einander an, höhnisch, neugierig, gereizt. Vor ihnen liegt längelang ein stattliches leeres Fass, der Schiffszimmermann hat den einen Boden entfernen müssen.
Der Trauerzug stolpert heran, es ist eine starke See, und das Schiff schlingert. Erst kommt der Kapitän, er scheut sich, den Blicken der Leute zu begegnen. Es folgen zwei Matrosen, die an Schultern und Füßen die Kapitänin im Sonntagsstaat tragen, und Pridik, der Steuermann, macht den Beschluss. Sie bleiben stehen, der Kapitän nimmt seine Mütze ab, die andern tun es ihm nach. Holmberg gibt dem Steuermann einen Wink, und nun spricht dieser ein ingrimmiges Vaterunser, während der Kapitän finster auf den Boden starrt.
Pridik sagt böse: »Amen!«, und das ist, als hätte er gesagt: »Gottverflucht!« Die beiden Träger schieben die Kapitänin ins Fass, die Füße voran. Um ein Haar wären sie damit nicht zurechtgekommen, denn eben jetzt wirft der Seegang die »Ulrike« von einer Seite auf die andere. Dann wird das Fass aufgerichtet. Ein paar kleine Fässer stehen bereit, aus denen wird der sonderbare Sarg mit Branntwein gefüllt bis obenhin, denn so hat es die Kapitänin angeordnet, und Holmberg hat ja schwören müssen, ihr den letzten Willen zu tun.
Alle setzten ihre Mützen wieder auf. Damit ist die Feierlichkeit beendet, nun geht jeder wiederum an

seine Arbeit. Nur der Schiffszimmermann bleibt zurück, er hat das Fass zu schließen, und der Kapitän steht neben ihm und sieht schweigend zu.
Die Schnapsvorräte der »Ulrike« waren nicht groß, dafür hatte die Kapitänin bei der Ausreise gesorgt. Und nun ging von ihnen noch all das ab, was dem Seeteufel in seinen Sarg hatte gegeben werden müssen. Dennoch wurde mit dem Verbliebenen nicht gespart. Denn der Seeteufel hatte ja nicht mehr die Gewalt, die auszugebenden Schnapsportionen zu bestimmen und die Ausgabe zu überwachen. Der Alte trank, der Steuermann trank, die Matrosen tranken, die Schiffsjungen tranken; scheu und einsam der Kapitän, lärmerisch und mit Gesang die Mannschaft.
Das ging eine Weile so hin, dann wurde der Schnaps knapp. Der Kapitän hatte es den Leuten gegönnt; dennoch hatte er sich heimlich einen kleinen Vorrat zu eigenem Gebrauch abgefüllt. Er hielt sich an den mit einer ingrimmigen, verbissenen Freude, und er tat, als sähe er nicht, dass die Mannschaft ohne Branntwein war. Ohne Branntwein bei Sturzsee und Regenfall, ohne Branntwein bei Wind und Kälte! Und es war keine Möglichkeit, irgendwo anzulaufen und neuen Branntwein an Bord zu nehmen, denn man konnte ja nicht die günstigen Fangverhältnisse ungenutzt lassen und Kurs auf einen Hafen halten, der Hunderte von Seemeilen entfernt lag.
Längst war Holmberg auch mit dem eigenen Vorrat fertig. Er schlich verdrossen umher, spuckte und knurrte und sprach kein Wort. Eines Nachts steckte

er den Kopf an Deck, als die Wache sich ablöste. Er hörte den Abgelösten fragen: »Na, wie schmeckt er?« – »Gallenbitter und scharf«, antwortete der Ablösende, »aber das gibt Lust in die Knochen.«

Am nächsten Tage stolperte Holmberg im Morgengrauen über einen Betrunkenen, riss ihn hoch und schimpfte. Ein Matrose kam dazu und hielt dem Kapitän einen gefüllten Trinkbecher hin.

»Bitte, Herr Kapitän«, sagte er, »Sie sollten trinken, dies verdammte Wetter leidet es nicht anders.«

Holmberg sah dem Mann mit vorquellenden Augen ins Gesicht und sah wieder zur Seite. Er streckte die Hand aus, die Hand machte eine fahrige Bewegung und sank wieder. Holmberg streckte die andere aus, riss dem Matrosen das Gefäß aus den Fingern und trank es hastig leer. Dann räusperte er sich und ging rasch davon.

Den Tag über stapfte er unruhig herum. Vor jedem, der ihm begegnete, machte er halt und hob sein Gesicht zu ihm, als wollte er ihn anreden. Aber er schüttelte nur mit dem Kopf und stapfte schweigend weiter.

Gegen Abend schrie er aus seiner Kajüte. Ein Schiffsjunge kam vorbei, Holmberg winkte ihn her und befahl ihm heiser, ein halbes Stof Schnaps zu holen.

Und nun ging alles, wie es in der ersten Zeit nach dem Tode der Kapitänin gegangen war. Einmal, als Holmberg sich mutig getrunken hatte, fragte er so nebenbei den Steuermann: »Wo kommt eigentlich der Schnaps her?« Aber er mochte ihn nicht ansehen, als er das fragte, und die Worte kamen ihm heiser und halblaut aus dem Munde.

»Ach, da hat sich noch etwas gefunden«, antwortete Pridik.

Es blieb nicht viel zu berichten. Als die »Ulrike« wieder in Reval einlief, da war längst kein Tropfen mehr im Fass. »Bei jedem Schluck haben wir gedacht: Hole dich der Satan!«, erzählte später ein Matrose. »Und wir haben ja gewusst, dass sie damit ihre höllische Absicht hat wahrmachen wollen, noch über den Tod hinaus. Darum haben wir gelacht, gelacht bei jedem Schluck! Nochrajew war der Erste, ›Nur so, einmal zur Probe‹, hat er gesagt. Das hat uns anderen keine Ruhe gelassen. Und wie sie herausgenommen wurde, richtig vollgesogen ist sie gewesen, als hätte sie nach dem Tode noch alles nachholen müssen, denn bei Lebzeiten hat sie keinen Tropfen über die Lippen gelassen. Daran sieht man am besten: Nur einmal zu begießen hätte man sie gebraucht, und sie hätte sich frisch erhalten. Das war bloß ihre Bosheit, dass das ganze Fass vollgeschüttet werden musste.«

In Reval sprach sich die Geschichte herum. Ulrike wurde in Ziegelskoppel beerdigt, wie sie es angeordnet und wie der Kapitän es beschworen hatte. Nein, es ist in keinem Stück von ihren Befehlen abgewichen worden. Aber wurde wohl je einer abgeschiedenen Seele ein wunderlicheres Trankopfer dargebracht als dem schnapsfeindlichen Seeteufel?

Und was ist aus dem Kapitän geworden?

Er hat den Seeteufel nicht sehr lange überlebt. Er fing an zu trinken – richtig zu trinken, nicht was unsereiner so nennt. Er verlotterte, das Schiff wurde ihm genommen, er ist als gewöhnlicher Matrose gefahren, und zuletzt war er Gelegenheitsarbeiter am Hafen. Als er starb, da hat seine ehemalige Reederei das Begräbnis bezahlt. Er wurde neben seiner Frau beerdigt. Und er hatte doch immer gesagt: Bei grober See will ich versaufen, sonst legen sie mich noch zu der Alten.

So, nun wisst ihr, wo die alte Redensart herstammt: »Schmeckt wie die Kapitänin Holmberg.«

Die Heiraten von Parma

Der junge Ippolito hatte keinen Anhang, außer einem bejahrten Vetter in Parma, den er nie gesehen hatte, weil dieser mit der Heirat der Eltern Ippolitos nicht einverstanden gewesen war. Ippolito hatte keinen sehr reichen Verstand und geringe Einkünfte, auch keine deutliche Neigung zu einer bestimmten Art des Tätigseins, darum war er in soldatische Dienste gegangen und befand sich zu Beginn dieser Geschichte in Mailand. Er hatte einen Landsmann bei sich, den Orlando, und da die beiden sich von Kindheit auf kannten und miteinander lebten, so hielten sie sich für Freunde. Orlando hatte eigentlich ein Rechtsgelehrter werden wollen, aber das Lernen ermüdete ihn, und so war er bald dem Ippolito gefolgt.

Dieser Ippolito empfing die Nachricht, dass sein Vetter in Parma gestorben war und ihn zum Erben seines beweglichen und unbeweglichen Eigentums eingesetzt hatte.

»Das ist ausgezeichnet«, sagte Orlando. »Da werden wir am besten tun, den Dienst aufzugeben.«

Ippolito nahm seine Entlassung und begab sich nach Parma, um sein Erbe anzutreten; Orlando hatte die Absicht, ihm bei Gelegenheit nachzukommen.

Ippolito fand einen ansehnlichen Palast vor, mit Dienerschaft und allem Zubehör, auch reichliche Geldmittel. Ferner gab es gewisse verpachtete Liegenschaften und dazu einen Meierhof in der Vorstadt, an der Straße nach Castelguelfo; bei angenehmem Wetter fuhr Ippolito einmal hinaus, beschaute ihn und fand ihn hübsch, nur dass es kräftig nach Mist roch. Zunächst hatte Ippolito sich in einem Gasthause einquartiert, bis der Palast gehörig hergerichtet sein werde, doch hielt er sich für den größten Teil des Tages in seinem neuen Besitztum auf, indem er die Ausbesserungsarbeiten beaufsichtigte, hier und da einen Maurer tadelte oder mit dem Tapezierer plauderte und sich alles voll Neugierde betrachtete; auch spazierte er, die Hände auf dem Rücken, gern durch den Garten, fand ihn wohlriechend und das Leben angenehm.
Eines Morgens schlenderte er wieder auf den sauberen Kieswegen einher, betastete ein paar schöne klebrige Magnolienknospen, die es nicht mehr weit bis zur Blühstunde hatten, und schaute nach den verschiedenformigen, mit Buchs eingefassten Blumenbeeten. Auch standen da ein paar Vasen und ein paar Büsten von Männern mit spitzigen oder verfetteten Gesichtern, Lorbeerkränze auf den Schädeln; und Ippolito machte die Wahrnehmung, dass es angenehm ist, als Herr eines Gartens unter Berühmtheiten zu lustwandeln.
Einer der Kieswege führte behaglich an der Grenze des Nachbargrundstücks entlang, und diese Grenze

war nicht durch Zaun oder Mauer bezeichnet, sondern durch eine Lorbeerhecke, vor der in genauen Abständen wiederum allerlei bildhauerische Machenschaften von weißem Gestein ihre Aufstellung hatten.

Wie Ippolito jetzt an dieser Grenze entlangspazierte, da war es ihm, als antworteten Schritte jenseits der Hecke, im Nachbargarten, auf die seinen. Und nun hatte er in seinem müßigen Behagen verständlicherweise den Wunsch, die Ursache dieses Schrittgeräusches zu ergründen, denn es hätte sich ja auch um ein Echo handeln können, Ippolito wusste mit Echos nicht sehr genau Bescheid.

Zwischen einem dicken Marmorherrn mit einer Schriftrolle und einem mageren Marmorherrn mit einer Leier schien die Hecke etwas weniger dicht, und Ippolito trat heran, um einen Blick ins Nachbargrundstück hindurchzuwerfen. Offenbar aber hatte die gleiche Absicht sich auch eines Menschen im Nebengarten bemächtigt, denn als Ippolito sein Gesicht gegen die undichte Heckenstelle legte, da sah er sich plötzlich auf wenige Zoll einem andern Gesicht gegenüber, und zwar einem hübschen Mädchengesicht mit flackrigen schwarzen Augen.

Ippolito war nahe daran, dies Gesicht zu küssen, wozu es nur eines kleinen Kopf- und Lippenvorschnellens bedurft hätte; allein dann fiel ihm ein, dass er doch jetzt ein nobler und vielleicht auch gesetzter Herr geworden war, und so machte er bloß einen Kratzfuß, wobei er seinen Federhut mit einer sehr schönen Bewegung abnahm und zur Seite führte, etwa so, wie es die Generäle in Mailand tun. Der Kopf hinter den Lorbeerzweigen neigte sich zu einem anmutigen Dank, und nun setzte Ippolito seinen Federhut wieder auf.

Er führte den Gartenspaziergang fort, erst in großer Zufriedenheit mit seiner Lebensart und sich selber, darauf in einem kleinen Zweifel, und zuletzt in der Meinung, er sei ein wenig eselhaft zu Werke gegangen. Dann aber beruhigte er sich mit dem Gedanken, dass in der wirklichen Feinheit wohl stets ein Stückchen Eselhaftigkeit zu stecken habe und dass vermutlich noch mehr Gelegenheiten sein würden, mit einer so angenehmen Nachbarschaft bekannt zu werden. Hierbei müssen wir anmerken, dass es ja oft wirklich schwer ist, zumal für einen Anfänger, Vornehmheit und Eselhaftigkeit sicher auseinander zu halten.

Unter solchen Erwägungen kehrte Ippolito in den Palast zurück, rief den Haushofmeister und begann, sich nach der Nachbarschaft zu erkundigen. Da musste er erst genau erfahren, wie viel Kinder, Taler und Zerwürfnisse es im Nachbarhause auf der andern Seite gab, bis der Haushofmeister endlich auf die Gartenseite kam und ihm berichtete, das Grundstück sei von einem jungen Geschwisterpaar guter Abstammung, aber misslicher Vermögensumstände bewohnt, nämlich von dem Herrn Sigismondo und seiner Schwester Rosamonda. Diesen Namen fand Ippolito nicht nur überaus lieblich, sondern auch überaus herrschaftlich und also seiner Trägerin doppelt angemessen. Die Dame, so fuhr der Haushofmeister fort, sei eine Schönheit, und der Bruder habe den Ruf eines strengen, ja, hitzigen und gewalttätigen Mannes, welcher der Meinung sei, ein armes Mädchen aus edler Familie bedürfe sorgsamerer Bewahrung als ein reiches, dem die Männer mit redlicheren Gesinnungen begegneten.

»Soso«, sagte Ippolito, trieb sich eine Zeit lang im Hause herum – denn wir können, bescheiden wie wir sind, schließlich ebenso gut »Haus« sagen wie »Palast« –, und begann dann wieder unter den Marmorherren, Vasen, Magnolienknospen und Judasbäumen einherzuspazieren. Hierbei vollführte er einige Geräusche, sei es, dass er ein wenig hustete oder sich mit besonderer Zierlichkeit die Nase schneuzte oder mit den Füßen den Kies scharrte oder eine kleine Melodie summte. Und dies alles trieb er auch folgenden Tages so lange, bis sich jenseits der Lorbeerhecke ebenfalls ein freundliches kleines Gehuste und Geschneuze und Gescharre zu ereignen begann.

Nun verging nicht mehr sehr viel Zeit, bis Ippolito und das Mädchen einander an der Heckenöffnung gegenüberstanden und er ihr von Mailand erzählte und von dem hübschen Erbe und von den Generälen mit den Federhüten – kurz, all das, was eine junge Dame, wie er glaubte, auf eine freundliche Art unterhalten könnte.

»Ach, und ich bin noch kaum aus Parma hinausgekommen«, sagte sie und seufzte; dieses Seufzen vollendete die Verzauberung des Erben.

»Ich habe gehört, Sie leben zurückgezogen«, sagte er mit jenem respektvollen Bedauern, das den Frauen gefällt.
Sie seufzte abermals und sagte: »Ach ja. Das Leben bringt es so mit sich.«
Hieran erkannte Ippolito mit Wohlgefallen, dass Rosamonda nicht nur hübsch und bedauernswert, sondern auch gescheit war und sich über das Leben ihre Gedanken gemacht hatte. Und nun deutete er auf eine zarte und mitleidige Weise seine Kenntnis dessen an, was der Haushofmeister ihm von Rosamondas Elternlosigkeit und von dem Stolz und der Strenge ihres Bruders erzählt hatte. Darüber schien Rosamonda sich ein wenig zu schämen, denn sie senkte ihren Blick auf die Heckenwurzeln und gab keine Antwort. Schließlich aber seufzte sie ein drittes Mal und sagte verlegen: »Ja, Herr Sigismondo ist sehr streng.«
»Nun, aber mit Nachbarn muss doch ein kleiner Verkehr gestattet sein«, antwortete er, tröstend und hoffend zugleich, und hatte inzwischen bereits herausgefunden, dass sich die Heckenzweige ohne große Schwierigkeiten ein wenig zur Seite schieben ließen; so kam es, dass seine Hände denen des Mädchens begegneten. Da aber ein Händebegegnen in einer Heckenöffnung kein Abschluss, sondern ein Beginn zu sein pflegt, so verabschiedeten sie sich endlich mit jenem raschen Kuss, dessen Versäumnis ihm tags zuvor seine Gedanken über Eselhaftigkeit und Vornehmheit aufgenötigt hatte.

Allein auch ein solcher Kuss ist ja kein Abschluss, sondern ein Beginn, und so setzte sich das Begonnene denn in einigen weiteren Heckenbegegnungen angenehm fort. Wir wollen die Einzelheiten dieser Begegnung nicht nachzeichnen, denn sicherlich findet ein jeder in seinem Gedächtnisschatz ein solches Heckenlückengeplauder, da mag er es sich selber vormalen.

Ippolito ließ die Absicht erkennen, den Geschwistern in aller Form seine nachbarliche Aufwartung zu machen. Darüber zeigte das Mädchen ein Erschrecken, sodass zu merken war, eine wie große Furcht sie vor ihrem Bruder hatte, und sie suchte ihm abzureden. Dennoch wollte Ippolito nicht einsehen, warum er denn als Nachbar nicht höflich zu Herrn Sigismondo gehen sollte. Sie aber geriet nun in eine flackerige Gesprächigkeit, wie die Besorgnis sie eingibt, beklagte mit Offenheit und Unmut die rauen und hochmütigen Sitten ihres Bruders und erzählte Beispiele von seinem Jähzorn, der auch vor Gewalttaten nicht zurückschrecke und schon manchem seine gesunden Gliedmaßen oder gar sein Leben gekostet habe. Schließlich, als Ippolito darauf beharrte, all diese Fährnisse zu bestreiten oder doch als überwindlich anzusehen, meinte sie halblaut, allenfalls dürfe er einmal kommen, wenn Sigismondo nicht zu Hause sei.

»Und wann wäre das?«, fragte Ippolito.

Das Mädchen wurde ein wenig rot und sah zur Seite.

»Nun, etwa morgen Nachmittag um die und die Stunde.«

Ippolito war pünktlich, Rosamonda öffnete selbst, und sie fielen einander um die Hälse. Rosamonda rühmte das gute Glück, dass nämlich nicht nur ihr Bruder, sondern auch die Magd außer Hause sei; das habe sie mit viel List einzurichten gewusst. Damit führte sie ihn durch die Räume, in denen allerlei vornehmer, aber abgenutzter Hausrat sich befand. Und Ippolito gewahrte es mit Rührung, dass sie so bescheiden angezogen war; er hätte sie gern in allen Kostbarkeiten der Welt gesehen und musste sich doch sagen, dass sie nicht verführerischer hätte sein können, mit ihrem kräftigen und schönen Wuchs, mit dem feuchten Glanz ihrer verliebten Augen und all ihrem warmlebigen Wesen.

Sie saßen nebeneinander auf der verschlissenen Polsterbank des Staatsgemachs, als sie die Haustür öffnen hörten und zugleich Stimmen vernahmen, eine männliche und eine weibliche.

»Mein Bruder!«, flüsterte Rosamonda und sprang zitternd auf. »Komm!«

Sie zog ihn fort, endlich standen sie außer Atem in einem engen Gelass, das in aller Ärmlichkeit dennoch eine schmückende Sorgfalt erkennen ließ.

»Es ist die Kammer der Magd«, erklärte Rosamonda. »Hier sucht uns niemand, und die Magd habe ich bis Mitternacht beurlaubt.«

»Wer ist denn die Frau, die mit deinem Bruder gekommen ist?«, fragte Ippolito.

»Mein Bruder mag sich eine Dirne mitgebracht haben, da er ja meint, ich sei ausgegangen«, antwortete sie scheu.

Es begann zu dämmern, aber Rosamonda wollte kein Licht machen, um nicht verraten zu werden. Sie drängte sich an Ippolito, wie um seines Schutzes versichert zu sein, er umfing sie, und sie verweigerte ihm nicht, was er sich so sehnlich gewünscht hatte.

»Lisa! Lisa!«, hörten sie durchs Haus rufen.

Rosamonda sprang erschrocken auf. »Er ruft nach der Magd! Du musst fort! Wie leicht könnte er sie hier suchen!«

Sie öffnete das Fenster und drängte Ippolito zur Flucht. Er umarmte sie und schwur, ohne sie könne er nicht leben, morgen werde er zu Sigismondo gehen und um sie anhalten. Dabei zerrte er einen Ring von seinem Finger, steckte ihm dem Mädchen an und sagte: »Ach was, lasse mich nur machen, ich bringe alles in die Reihe, darauf verstehe ich mich!«

Nun sprang er in den Garten und zwängte sich durch die Lorbeerhecke auf den eigenen Boden.

Anderntags strich er schon früh an der Hecke entlang; denn, obwohl sein Entschluss feststand, wünschte er doch zuvor Rosamonda noch einmal zu sprechen. Indessen ließ sie sich nicht blicken, und Ippolito begann einige Besorgnisse zu hegen, es möchte sich etwas Böses ereignet haben. Allein er sagte sich, dass er dieses Böse dringend kennen müsse, um ihm begegnen und es zum Guten rückwenden zu können; und so ließ er den Tag in Unruhe ver-

streichen, indem er bald an der Hecke vergeblich lauerte, bald drinnen im Hause vor dem Spiegel seinen Mut bestärkte. Nein, es war nicht denkbar, dass Sigismondos ungesellige Härte seiner Erscheinung standhalten könnte: seinem höflichen Lächeln und seinem höflichen Federhut und seinem herzgewinnenden Atlasrock und seinen angenehmen Verbeugungen. Und da für heute die schickliche Zeit schon vorüber war, so setzte er sich den Besuch bei Herrn Sigismondo für den nächsten Tag vor. Am Abend begab er sich ein letztes Mal zur Hecke. Nach einer Weile huschte Rosamonda heran, flüsterte verstört: »Ich kann mich nicht aufhalten«, und steckte ihm einen zusammengefalteten Zettel in die Hand; danach war sie wieder verschwunden. Ippolito kehrte ins Haus zurück, es lässt sich denken, dass er aufgeregt war. Er verlangte Licht, und nun entfaltete er den Zettel. Er las: »Ich beschwöre dich, tu nichts und sieh dich vor. Unsere Liebe ist verraten, und wir können beide in die äußerste Gefahr kommen.«
Ippolito blickte sich bestürzt um; mit einem Male erschien ihm sein Palast leer, weit und unheimlich. Er erinnerte sich all dessen, was er über Sigismondo gehört hatte, und schauderte zusammen, als eine kleine Zugluft seine Kerze zum Flackern brachte. Wer bürgte ihm dafür, dass nicht im nächsten Augenblick schon Herr Sigismondo, grausam bewaffnet, durch die Hecke sprang? Ippolito wollte Dienerschaft rufen; was aber sollte er den Leuten sagen, ohne Rosamonda preiszugeben? Sein behagliches Gastzimmer

fiel ihm ein, es war ohnehin die Stunde, da er sich zum Nachtessen zu begeben pflegte. Nein, es war später als gewöhnlich; und zwischen Palast und Gasthaus lagen weite, dunkle und öde Straßen. Konnte nicht Sigismondo hinter jeder Ecke lauern? Gedungene Mörder in allen Torwegen aufgestellt haben?

Aus dem Vorsaal kamen Geräusche, Stimmen, klirrende Schritte, die Tür flog auf, unangemeldet eilte Orlando ins Zimmer und umarmte den Erschrockenen.

Er hatte seinen Dienst und Mailand verlassen, er war gekommen, wie bisher, Glück und Unglück mit seinem Freunde zu teilen; auf Unglück freilich war er nicht vorbereitet.

»Alle Teufel!«, rief er bewundernd. »Hier werden wir es gut haben. Der Spiegel allein ist mehr wert als ein Mailänder Zweimonatssold!« Und er strich in Andacht über die schön gearbeitete Fassung des Glases, das noch vor wenigen Stunden Ippolitos wohlgefällige Posituren zurückgeworfen hatte.

Ippolito empfand warm den Segen der Freundschaft, obwohl er seit seiner Ankunft in Parma kaum noch einen Gedanken an Orlando gewandt hatte. Augenblicks offenbarte er ihm seine Kümmernis, wobei er nur verschwieg, was sich in der Kammer der Magd begeben hatte, und lud ihn darauf ein, ihn in seinen Gasthof zu begleiten und dort Wohnung zu nehmen. Nun waren sie freilich zu zweit, dennoch hatten die Schreckbilder immer noch ihre Gewalt über den aufgeregten Ippolito, sodass er in den finsteren Gassen alle Augenblicke stehen blieb, Orlandos Arm presste und um sich spähte, weil er ein verdächtiges Geräusch zu hören meinte. Doch begegneten sie nur wenigen Menschen, denn die Parmesaner sind gewerbsam und keine Nachtschwärmer.

Unweit des Gasthauses hatten sie einen kleinen Platz zu queren, auf welchen mehrere Gassen mündeten. Hier ging ein langer Mann mit einem großen Degen auf und ab und lauerte in einer herausfordernden Haltung um die Ecken. Ippolito blieb stehen und drückte Orlandos Oberarm. Orlando wollte zur Vorsicht reden, aber Ippolito ging weiter, auf den Mann zu, blieb dann stehen und betrachtete ihn. Der Mann unterbrach sein Herumspähen und blieb ebenfalls stehen. Inzwischen hatte Orlando den Ippolito wieder eingeholt. Ippolito neigte den Kopf zu Orlando, ohne den Langen aus den Augen zu lassen, und flüsterte: »Er ist es!« Dabei ging ein Zittern, das dem Orlando trotz der geringen Mondhelle sichtbar wurde, durch seinen Körper. Der Lange brummte etwas, legte die Hand an den Degengriff und schritt entschlossen und wie mit einer Drohung auf die beiden zu.

Es gibt Gemütsverfassungen, in denen Furcht und Kühnheit einander wechselseitig dergestalt bestärken, dass sie nicht mehr unterschieden werden können und die wunderlichsten Taten hervorbringen. In einer solchen befand sich Ippolito. Er wartete einen Angriff des anderen nicht ab, obwohl Orlando ihm eine Mahnung zur Besonnenheit zurief, sondern zog seinen Degen und hatte fast im gleichen Augenblick den Langen niedergestoßen.

Der Getroffene schrie im Sturze auf, die Häuser belebten sich feindlich, Fenster wurden geöffnet, es gab Lärm und Licht. Orlando ergriff seines Freundes Hand und riss ihn in Sprüngen mit sich fort.

Orlando war in Parma unbekannt, so hatten sie nicht die Richtung des Gasthofes eingeschlagen; nach einer Weile fanden sie sich unverfolgt in einem entlegenen Stadtteil. Sie blieben stehen, holten Atem und gingen dann stumm weiter. Endlich kamen sie an eine beleuchtete Herberge. In diese traten sie und ließen sich ein Zimmer geben. Bei all dem hatte Orlando die Anordnung, denn dem Ippolito erlaubte es sein gänzlich zerstörter Zustand nicht, auch nur im Kleinsten einen Entschluss zu fassen.

Da war nicht viel zu reden, Ippolito musste aus der Stadt, hierin hatte Orlando Recht. In seinen Gasthof durfte er nicht mehr zurückkehren, er konnte erkannt worden sein, und es war möglich, dass die Polizeidiener schon auf ihn warteten. Orlando hörte sich um: In der Herberge befand sich ein Kutscher, der seinen Herrn nach Parma gefahren hatte und bei Morgengrauen mit der leeren Kalesche auf dessen Landgut zurückkehren sollte. Der Kutscher erhielt ein Goldstück und versprach, Ippolito verschwiegen aus der Stadt zu bringen; seines Herrn Gespann und Wagen seien in Parma bekannt, da werde die Torwache nicht erst hineinschauen wollen.

Dies war geordnet, und nun saßen die beiden Freunde beieinander in ihrem Herbergszimmer vor einem letzten Strohkrug mit Wein, und Ippolito dankte mit trauriger Stimme dem Orlando für alle bewiesene Umsicht und Treue. Hierauf aber bat er ihn noch um einen weiteren Dienst; denn da er ein wenig zu sich gefunden hatte, es für den Augenblick auch nichts Drängendes mehr zu besorgen gab, so war er wieder auf seine geliebte Rosamonda aufmerksam geworden, welche er in allen Verstörungen der letzten Stunden fast vergessen hatte. Er redete nun demgemäß in aufrichtiger Bekümmernis von seiner Liebe und dass er sie jetzt schutzlos zurücklassen müsse; also solle Orlando Acht auf sie haben, sie beruhigen und trösten als sein Stellvertreter, wie er ja auch in seinen Eigentums- und Rechtsverhältnissen seine Stelle vertreten werde. Und über all diese Dinge möge er ihm nach Mailand schreiben. Das versprach Orlando gern, sodann aber brachte er ein anderes Bedenken vor, denn er hatte ja ein Rechtsgelehrter werden wollen. Nämlich er erklärte, nach seiner Kenntnis der Gesetze könne Gefahr sein, dass die Obrigkeit dem Ippolito all sein Eigentum beschlagnahme, nachdem er als ein Totschläger aus Parma geflohen sei. Hierüber erschrak Ippolito heftig, nachdem er durch Orlandos Zusicherung, er werde der geliebten Rosamonda zur Seite stehen, eben erst ein wenig beruhigt worden war.

»Was soll ich denn tun?«, fragte er jämmerlich. »Ich kann doch nicht bleiben, ich laufe ja Gefahr, dass diese Obrigkeit mir Leib und Leben beschlagnahmt! Sigismondos Familie ist seit langem hier angesessen, ich aber bin ein Zugereister, wie könnte ich auf die Einsicht der Parmesaner Gerichte hoffen?«

Orlando, der rechtskundige Orlando, bedachte sich eine kleine Weile und dann machte er seinen Vorschlag: Ippolito solle des Vetters ganze Erbschaft auf ihn überschreiben, und damit dies Schriftstück nicht angefochten werden könne, müsse es um einige Tage zurückdatiert werden. Natürlich sei das alles nur eine Maßnahme der Sicherheit und geschehe der Form halber, in Wirklichkeit werde er, Orlando, dem Ippolito immer das Seinige zur Verfügung halten, das verstehe sich unter Freunden ja von selbst.

Ippolito war nun zwar kein Rechtsgelehrter, nicht einmal ein missglückter, aber so viel wusste er doch, dass Verschreibungen solcher Art von einem Notar beglaubigt werden müssen. Allein auch hieran hatte Orlando gedacht, denn er begegnete Ippolitos ängstlichem Einwand mit der Versicherung, er wolle schon einen ehrenwerten Notar auftreiben, der gegen eine angemessene Belohnung bereit sein werde, Ippolitos Unterschrift zu beglaubigen und damit den Schein rechtskräftig zu machen.

Ippolito zauderte, nicht aus Misstrauen gegen seinen Freund, sondern aus Anhänglichkeit an sein Eigentum; zuletzt aber musste er einsehen, dass ihm kein anderer Ausweg blieb, und so ließen sie denn Schreibgerät kommen und machten sich an die Arbeit. Je näher der Augenblick des Abschieds rückte,

desto gerührter wurde Ippolito über Orlandos treue Freundschaft und desto mehr bewunderte er dessen Geschäftsklugheit und Erfahrung in Rechtssachen. Dass er daneben gerührt war auch über sich, sein Schicksal und die geliebte Rosamonda, das versteht sich wohl von selbst.
Nun war es nicht mehr weit bis zum Hellwerden; durch ihr Fenster sahen sie den Kutscher gähnend über den Hof stapfen, um den Pferden ihr Futter zu schütten, und bald danach nahmen die beiden voneinander Abschied.
Orlando schlief bis an den Nachmittag, dann verließ er die Herberge und ging in Ippolitos Gasthof. Hier erzählte er, dass sein Freund in dringenden Geschäften habe verreisen müssen, bezahlte, was Ippolito schuldig war, nahm dessen Habseligkeiten an sich und bezog sein Zimmer. Die ersten Tage hielt er sich sehr still und tat nur diejenigen Ausgänge, deren es bedurfte, um das Rechtsgeschäft mit einem ehrenwerten Notar ins Klare zu bringen. Er hütete sich wohl, beim Notar, beim Wirt, bei den Gasthofsbedienten oder bei sonst jemandem mit einer Frage an jenen nächtlichen Vorfall zu rühren, um sich nicht verdächtig zu machen; und dann hatte er, als ein Mensch wie alle anderen, ja auch die Fähigkeit, etwas Behagenstörendes aus seinen Gedanken zu verbannen.
Kurz, er nahm, zwar zur Verwunderung der Dienerschaft, aber doch ohne ernstliche Schwierigkeiten, gestützt auf das Zeugnis des ehrenwerten Notars,

von Ippolitos Eigentum Besitz, beaufsichtigte die Ausbesserungsarbeiten, tadelte hier und da einen Maurer oder plauderte mit dem Tapezierer; auch spazierte er, die Hände auf dem Rücken, gern durch den Garten, fand ihn wohlriechend und das Leben angenehm.

Unter den behagenstörenden, ja, vielleicht gar bedrohlichen Dingen, die er weislich aus seinen Gedanken verbannt hatte, war anfangs auch die Dame Rosamonda gewesen. Allmählich aber meinte er sich seiner Freundschaftsverpflichtung wieder entsinnen zu sollen; denn da nie eine Amtsperson nach Ippolito geforscht hatte, so merkte Orlando, dass auf seinen Freund kein Verdacht gefallen war und dass auch ihm selber kein Verdacht drohen konnte. Zudem war er neugierig auf die Bekanntschaft.

So legte er denn eines Vormittags seinen besten Staat an, begab sich zum Nachbarhause und bewegte den Türklopfer. Ein hübsches Stubenmädchen mit flackrigen schwarzen Augen öffnete ihm, er kniff sie in die Backe und verlangte, ihrer Herrin gemeldet zu werden.

Die Dame Rosamonda empfing ihn mit großer Höflichkeit und Anmut, aber auch mit einem sicheren Stolz, und Orlando bewunderte ihre gleichmütigen und hoheitsvollen Bewegungen. Allein da er doch vorgehabt hatte, sich einer Verlassenen und Gebeugten in Großmut anzunehmen, so setzte ihn dieses Maß an Selbstbeherrschung zugleich in Verlegenheit. Er räusperte sich ein wenig und begann stockend, er habe eine Empfehlung von seinem Freunde Ippolito auszurichten; denn dass es nicht angänglich war, mit der Tür gerade in dieses Haus zu fallen, das hatte er ja inzwischen wahrgenommen. Hiernach verstummte er und forschte in Rosamondas Miene. Diese aber gab ihm keinen Aufschluss, denn sie ließ nicht einmal eine übermäßig große Neugierde erkennen, sondern bloß ein höfliches Warten auf weitere Eröffnungen. Das verwirrte ihn, und so stammelte er etwas von Nachbarschaft und von treuem Zurseitestehen in allen vorkommenden Unglücksfällen, und da habe er sich gedacht ... nicht wahr, es gebe gewisse Verpflichtungen, und er als ein treuer Freund sei am wenigsten der Mann, sich ihnen zu entziehen, und wenn er ...

Bei diesen Worten Orlandos neigte sie den Kopf ein wenig vor und sagte: »Oh«, und dann betrachtete sie fragend sein Gesicht.

Orlando wunderte sich über ihre Art, endlich jedoch meinte er, sie wolle ihm vielleicht auf eine feine Art zu verstehen geben, dass es ihr nicht erwünscht sei, an diese traurigen Vorkommnisse erinnert zu werden; es fiel ihm ein, dass die vornehmen Leute ja oft allerlei Umschweife lieben und in ihnen die Feinheit eines Mannes bewährt zu sehen wünschen. Darum setzte er ihr nicht weiter zu, schließlich waren das abgetane Dinge, weshalb sollte er sie unnötig hervorzerren, er, der ja nun einen schönen Besitz in Parma hatte und ein nobler und vielleicht auch gesetzter Herr geworden war. Also begann er mit einer kleinen

Hast die gesunde Luft der Stadt Parma zu loben und davon zu erzählen, was für großartige Verschönerungen und Bequemlichkeiten er in seinem Palaste vornehmen lasse und dass er ihn schon in den nächsten Tagen zu beziehen denke.

Hierbei betrachtete er verstohlen ihr Gesicht, das nun allmählich jenen Ausdruck eines überlegenen, ja, ein wenig unwilligen Erstaunens verlor, der dem Orlando im Anfang einige Beklommenheit eingetragen hatte. Er sprach jetzt frei und mit gewandten Handbewegungen und einem höflichen Vorneigen des Kopfes oder des Oberkörpers, wo ein solches an seinem Platze war; er erzählte beredt von Mailand, von den Generälen und Federhüten, und dass er selber eine glänzende soldatische Laufbahn aufgegeben habe; allein das tue ihm nicht Leid, denn in einer so angenehmen Stadt und in so angenehmer Nachbarschaft zu leben, das habe seinen eigenen Wert.

Rosamonda hatte dem Eifrigen zugehört, wie eine Dame von Erziehung das tut. Und nun sagte sie: »Es ist sehr freundlich von Ihnen, dass Sie uns einen nachbarlichen Besuch gemacht haben. Es tut mir nur Leid, dass mein Bruder nicht da ist, der hätte sich sicher sehr gefreut.«

»Ja, Ihr Bruder ...«, erwiderte Orlando und seufzte und wollte jetzt doch wieder auf Sigismondo zu sprechen kommen. Allein schon bei seinen ersten Worten sah sie ihn so erstaunt an, dass er verwirrt abbrach und abermals von seinem Palast und der gesunden Luft in Parma zu reden begann.

Danach entstand eine Pause, und Orlando hatte das Gefühl, dass er sich wohl verabschieden müsse.
Er suchte in seinen Gedanken nach einer zierlichen und passenden Wendung, da ging die Tür auf und es erschien ein beleibter Mann mit einem verdrießlichen Gesicht.
»Da ist ja mein Bruder!«, rief Rosamonda, und während Orlando ihn sehr verdutzt anstarrte, erklärte sie dem Eingetretenen, dass der neue Nachbar die Güte gehabt habe, sich zu ihnen zu bemühen. Diese Worte bewogen Herrn Sigismondo zu einer geschwinden Liebenswürdigkeit; und indessen Orlando nicht ohne Anstrengung seine Gedanken in Ordnung brachte und sich sagte, sein Freund Ippolito müsse wohl in allerlei unerklärlichen Missverständnissen und Verwechslungen befangen gewesen sein, bemerkte Herr Sigismondo: ja, er habe schon gehört, dass der Besucher der Erbe seines alten Nachbarn sei und mit dem Vetter hatte er ebenfalls gute Nachbarschaft gehalten.
Ach so, er sei schon der Nachfolger des Nachfolgers? In der Tat, so schnell könne ein Eigentum seinen Herrn wechseln! Nun, und wie es ihm in Parma gefalle?
Orlando, der sich ein wenig gefasst hatte, musste nun alles das wiederholen, was er bereits der Dame Rosamonda erzählt hatte; da gab er sich also rechte Mühe, es mit anderen Worten zu tun, und noch ein paar Feinheiten einzuflechten, denn er merkte wohl, dass er von Sigismondo sehr aufmerksam beobachtet wurde; und da er ja nun verständlicherweise keine

Andeutungen auf düstere Unglücksfälle mehr machte, so gelang ihm das alles recht hübsch, und zuletzt trennten sie sich mit vielen angenehmen Höflichkeiten.

Als der Besucher fort war, sagte Sigismondo mit großer Bestimmtheit: »Höre, diesen Mann wirst du heiraten, Rosamonda. Er ist zwar noch ein wenig tölpelhaft, aber das tut nichts, du wirst ihm das Notwendige schon beibringen. Das ist ein Mann von Vermögen, denn wie hätte er sonst dem Erben so kurzerhand seinen Besitz abkaufen können? Allenfalls werde ich in Mailand noch einige Erkundigungen über ihn einziehen. Hier hast du endlich deine Versorgung. Auf eine Mitgift wird er verzichten, das wirst du schon einzurichten verstehen. Ich habe diesen Gedanken schon lange erwogen, jetzt habe ich den Mann aus der Nähe gesehen, es gibt keine Bedenken. Eile ist nötig, es werden noch mehr Angeln ausgeworfen werden, aber du bist ja eine gescheite Person.«

Als sich in Parma dieser Nachbarsbesuch ereignete, da befand sich Ippolito schon eine ganze Weile in Mailand und brachte dort sein Leben in einiger Ungeduld hin, ob er nicht bald einen Brief von Orlando erhielte.

Bisher war dieses erst ein einziges Mal geschehen, nicht sehr lange nach seinem Entweichen aus Parma, und in dem Brief hatte nur gestanden, Orlando habe das Geschäftliche so ziemlich in Ordnung gebracht und sei nun auf dem Wege, an Rosamonda alles nach seinem Versprechen zu tun; im Übrigen befände er sich bei bester Gesundheit. Darauf hatte Ippolito geantwortet mit dringenden Bitten um weitere Nachrichten: wie es denn um seine geliebte Rosamonda stehe und wie die Behörden gesinnt seien und ob Orlando ihm nicht soundso viel Geld schicken könne, denn er habe ja aus Parma nichts herausgebracht, als was er an jenem Abend zufällig in der Tasche gehabt habe.

Freilich war diese Not die geringste, denn Ippolito war ja in Mailand gut bekannt, jeder wusste, dass er geerbt hatte, und so stand ihm ein weiter Kredit zu Gebote. Dazwischen ging er zur Wachtparade auf dem Platz vor dem Castell, wo sich um die Mittagszeit auch die Dienstfreien einzufinden pflegten, um miteinander zu plaudern und neue Federhüte und Handschuhmoden sehen zu lassen. Es versteht sich von selbst, dass er unglücklich war, und natürlich wusste er auch, was sich für einen Unglücklichen gehört; so stand er finster und mit verschränkten Armen unter den schwatzenden Kameraden, und wenn sie ihn nach seinem Ergehen, seiner Parmesaner Erbschaft und der Ursache seiner Rückkehr fragten, dann antwortete er nur mit Andeutungen über gewaltige Dinge und Abenteuer, die er in Parma erlebt habe. Und auf diese Weise gelang es ihm, sich ein düsteres, großartiges und geheimnisvolles Ansehen zu geben, mit dessen Hilfe er sein Unglück auf eine edle Art zu genießen vermochte. Hierzu gehörte es auch, dass er dazwischen tagelang keinen öffentlichen Ort besuchte und sich von niemandem sehen ließ.

Als er nach einer solchen mehrtägigen Pause wieder einmal bei der Wachtparade erschien, ausgezeichnet frisiert und mit Furchen des Grames im Gesicht, da wurde ihm gesagt: »Warum hast du dich so lange nicht erblicken lassen? Das wäre etwas für dich gewesen: Es war ein Herr Sigismondo aus Parma hier, um dessen Schwester sich unser Orlando bewirbt.«

»Sigismondo? Orlando?«, fragte Ippolito entsetzt.

»Ja. Die Schwester soll Rosamonda heißen. Aber er wollte erst Auskünfte haben, ehe er sie ihm gibt.«

Es kamen andere Kameraden dazu, und Ippolito erfuhr, dass alle über den Orlando die günstigsten Auskünfte gegeben hatten: die einen aus kameradschaftlichen Gesinnungen, die andern, weil Orlando ihnen Geld schuldig war und sie hofften, es wiederzuerlangen, wenn er erst eine vorteilhafte Heirat gemacht haben würde.

Ippolito verließ den Paradeplatz. Daheim schrieb er an Orlando einen Brief von äußerster Heftigkeit, in welchem er sofortige Erklärungen forderte. Er könne nichts begreifen und möge nichts glauben, und über diese Dinge schrieb er recht weitläufig und mit sehr eindringlichen Worten. Er las sich den Brief mehrere Male durch, bevor er ihn einsiegelte, erst leise und dann laut, und war sehr ergriffen

Selbstverständlich rechnete Ippolito haargenau aus, wann sein Schreiben in Parma eintreffen musste und wann er Orlandos Antwort in Händen haben konnte; offenbar aber hatte er die Fristen zu knapp bemessen. Er wartete weiter, einen Tag, noch einen und wieder einen und stand mittags schweigend bei der Wachtparade, finster und stolz anzusehen wie ein Standbild. Dazwischen nahm er sich vor, in ein Kloster zu gehen und für sein ganzes Leben unglücklich zu sein; dann aber malte er sich aus, wie doch im Grunde keine allzu große Gefahr für ihn dabei sein könnte, wenn er in Parma einmal nach dem Rechten und nach dem Seinigen sähe; war Sigismondo in der Tat am Leben und so wohlbehalten, dass er schwägerliche Erkundigungsreisen vornehmen konnte, dann hatte er doch von den Gerichten in Parma nichts zu besorgen!

Kurz, Ippolito erschien noch ein letztes Mal auf der Wachtparade, schüttelte einigen Freunden die Hände und sagte geheimnisvoll: »Lebt wohl. Das Leben ist voller Gefahr. Man weiß nie, ob man sich wiedersieht.«

Dieses Mal brauchte er in Parma die verständliche Vorsicht, in einem anderen Gasthof Wohnung zu nehmen, sagen wir meinetwegen: im »Weißen Kreuz«. Er erkundigte sich behutsam: Sigismondo lebte und war im Begriff, seine einzige Schwester mit Herrn Orlando zu verheiraten, heute fand im Dom die Trauung statt.

Dem Ippolito blieb nicht viel Zeit. Er kannte allerlei Geschichten, in denen ein unvermutet wiedergekehrter Liebhaber wie ein Rachegeist in der Kirche erschien, um die Heirat der Treulosen noch im äußersten Augenblick zu hindern; aus diesem Anlass pflegte es Aufschreie, Ohnmachten und zuletzt ein

glückliches Ende zu geben. Ippolito barg seine Gestalt unter einem weiten Mantel, sein Gesicht unter einem breiten Hut und brach auf.
Unterwegs fühlte er, dass er zu erregt war, entscheidende Schritte aber bei kaltem Blute getan werden wollen. Er ging eine Weile durch die Straßen, wandte sich rechts, wandte sich links, zählte hier die Haustüren und dort die stallenden Pferde. Endlich meinte er sich so weit beruhigt zu haben, dass er nicht mehr fürchten musste, sein heißes Blut und sein Zorn auf die Treulosen könnten ihn zu einer Gewalttat hinreißen. Er erwog, ob er nicht die Pflicht habe, seinen Beruhigungsgang mit Haustüren- und Pferdezählung noch ein wenig fortzusetzen. Dann aber erinnerte er sich seines Unglücks und seines Ingrimms und so schlug er männlich die bis jetzt gemiedene Richtung zum Domplatz ein.
Die Glocken läuteten, zwischen dem Domportal und der Taufkapelle stand die Zuschauermenge. Ippolito merkte, dass er noch nicht zu spät gekommen war, und zwängte sich behutsam vor. Der Hochzeitszug trat aus dem Dome, ja, das war Orlando im schönsten aller Atlasröcke, im gewinnendsten aller Federhüte, und an seinem Arme ging die Braut. Ippolito starrte sie an, Schmuck und Schleier mischten sich zu einem stechenden Geflimmer, er schloss die Augen, öffnete sie, sah zu Boden und nun wieder in das lächelnde Brautgesicht.
Der Zug war vorüber, Ippolito wurde im Gedränge der Zuschauer gestoßen, trat auf Füße und hörte

Scheltworte. Er erfasste nichts außer dem einen, dass er nämlich diese Braut noch nie in seinem Leben erblickt hatte.

Man wird einräumen, dass dem guten Ippolito Dinge zugeteilt worden waren, die sich nicht leicht hinnehmen und begreifen ließen. Man wird es ihm nachsehen, dass er nicht recht dahinterkommen konnte, ob er nun ein Glück zu preisen oder weiterhin sein Unglück erhaben zu schmähen verpflichtet sei. Bald grollte er dem Orlando, der ihn ohne Nachricht gelassen und ihm kein Geld geschickt hatte; bald schämte er sich, diesen Getreuen in falschem Verdacht gehabt zu haben und die geliebte Rosamonda dazu. Endlich indessen entschied er dahin, sich von Herzen zu freuen, dass die geliebte Rosamonda keinen anderen geheiratet hatte, und dass die Gerichte von Parma ihm nichts anhaben konnten; alles Übrige aber sollte nun ohne Verzug geklärt werden, und den Ort der Klärung hatte das Haus abzugeben, in welchem sein Freund und Herzbruder Orlando Hochzeit hielt.

Also kleidete Ippolito sich im »Weißen Kreuz« um und begab sich in Sigismondos Haus.

Hier war das Hochzeitsessen im Gange, und im Vorsaal lief eine Menge von Lohndienern herum mit Flaschen und Platten. Plötzlich blieb Ippolito stehen, machte runde Augen und hätte fast aufgeschrien, denn wer dort aus der Küche gelaufen kam, mit einem weißen Kräuselhäubchen und einer hübschen weißen Schürze, ein Servierbrett in den Händen, das

war nun gewiss und unabstreitbar seine geliebte Rosamonda. Diese Rosamonda wurde rosenrot, dann aber nötigte sie sehr entschlossen einem Lohndiener ihr Tablett in die Hände und sagte: »Da! Trag's hinein!« Und nun fasste sie den verdutzten Ippolito bei der Hand, zog ihn wie ein Wind mit sich in die Kammer, die ihm ja schon bekannt war, fiel ihm um den Hals und rief: »Dass du nur wieder da bist! Warte hier, ich komme bald zurück und ich will dir alles erklären!«
Da saß nun der arme Ippolito im Dunkeln auf dem Bett und zerbrach sich seinen Kopf, der doch für die unverwickelten Dinge geschaffen war. Der Anschein, dies konnte er sich nicht verhehlen, wies darauf hin, dass man ihn schändlich getäuscht hatte. Aber das war ja nicht zu denken, dass seine Rosamonda ein Stubenmädchen sein sollte, denn er hatte doch seine gescheiten Augen im Kopf und verstand sich auf die Welt und die wirkliche Vornehmheit, er, Ippolito, er konnte doch eine Zofe von einer Dame mit dem ersten Blick unterscheiden!
Das Mädchen kam herein mit einem Licht und mit einem Tablett voll guter Dinge, das setzte sie beides auf den Tisch und dann küsste sie rasch ihren Ippolito und sagte: »Damit dir die Zeit nicht lang wird, bis ich wiederkomme«, und dann war sie schon draußen. Ippolito aber hatte gesehen, dass sie den Ring trug, den er ihr damals in jener gleichen Kammer an den Finger gesteckt hatte, und diese Erinnerung rührte ihn.

Er betrachtete mit einem Seufzer das Tablett, darauf war Fisch und getrüffelte Kapaunenbrust und Krammetsvögel und Langusten und allerlei Salate und Käse und Obst und zu jedem Gericht der gehörige Wein, alles sehr liebevoll hergemacht und mit Blumen geschmückt; ein schön gestaltetes Mundtuch lag dabei, und die warmen Gerichte waren sorgsam zugedeckt, damit sie sich über dem Hertragen nicht abkühlten.
Wie lange sollte Ippolito sich das ansehen? Er war hungrig, verlassen und jeder Tröstung bedürftig. Also begann er zu kosten, zu essen und zu trinken, erst mit halbem Widerstande, dann aber mit sich mehrender Lust, und er stellte sich dabei vor, wie zierlich sie das alles hingesetzt und wie zierlich und recht zum Liebhaben sie ausgesehen hatte mit ihrem weißen Kräuselhäubchen und ihrem weißen Schürzchen. Und nun wurde er immer gerührter, unser Ippolito, denn ein guter Junge ist er ja, das darf niemand bestreiten, und er hat seine Rosamonda ja so aufrichtig lieb gehabt vom ersten Sehen an, und was hat er ihretwegen nicht alles auf sich genommen an Schrecknissen, Aufregungen und Kummer! Und wie unglücklich ist er in Mailand gewesen! Aber gewiss hat auch sie seinethalben Sorgen und Unglück genug erlitten und sich gegrämt um sein Verschwinden, das ihr doch unbegreifbar gewesen sein muss, denn Orlando hat sich sicherlich nur um die andere Rosamonda gekümmert. Und ob sie denn wahrhaftig von dienendem Stande ist? Nun, das könnte ja auch an-

ders zusammenhängen – hat man nicht allerlei gehört von wunderlichen Schicksalsvorfällen und geheimnisreichen Geburten?
Mittlerweile ging das Hochzeitsessen zu Ende, und das junge Paar wurde von den Gästen mit Fackeln und Musik in das Nachbarhaus geleitet. Zu diesem Ziel war die Lorbeerhecke an ihrer undichten Stelle durchbrochen und es war eine Art Triumphbogen errichtet worden. Allein von dieser Feierlichkeit sah Ippolito nichts mehr, obwohl er sie aus dem Kammerfenster hätte beobachten können, denn er hatte sich in seiner Rührung und Gesättigtheit auf des Mädchens Bett gestreckt, und weil er erschöpft war von den vielen bösen Aufregungen, den vielen guten Speisen und den vielen guten Weinen, so war er in allerlei angenehme Träumereien und endlich in einen reich gesegneten Schlaf verfallen. Er erwachte beim warmen Tagesschein in den Armen seiner geliebten Rosamonda, oder sagen wir getrost: seiner Lisa, und sie erwachte mit ihm zugleich und küsste ihn auf den Mund. Allmählich erinnerte er sich, dass sie ihm in der Nacht allerlei berichtet und erklärt hatte, darunter hübsche Dinge und weniger hübsche, aber wie er sie erblickte in ihrer rosigen Verschlafenheit und mit ihren blanken und feuchten Augen, da war es ihm, als müsste den hübschen Dingen doch das größere Gewicht zuzurechnen sein.
Ja, da erwartete sie nun ein Kind, und das sollte ihnen beiden gehören und musste ein Ausbund an Schönheit und Stattlichkeit werden, bei diesen Eltern! Es

war unmöglich, ein solches Kind zu verlassen! Überdies hatte sie ihm gern bestätigt, dass sie nur dem Anscheine nach eine Bauerntochter aus der Gegend von Capri war, während es in Wirklichkeit mit ihrer Geburt und Abstammung eine ganz andere Bewandtnis hatte, hier war sein Scharfblick nicht in die Irre gegangen. Und wie hatte er denn glauben können, sie hätte ihm etwas vorgespiegelt, damals an der Hecke? Nein, er hatte sie gleich für eine Dame erkannt und genommen, hatte sie Rosamonda genannt, weil der Name ihm so wohlgefiel und zu ihr passte – übrigens war er entschlossen, sie auch weiterhin Rosamonda zu nennen, er wollte einmal sehen, wer ihm das verbieten könnte! Ja, und natürlich hatte sie ihn über das kleine Missverständnis aufklären wollen und das hätte sie auch zu seiner Zeit getan, aber dann schoben sich alle diese Vorfälle dazwischen, und nicht wahr, wenn man einen Menschen lieb hat, da eröffnet man ihm doch ungern etwas, das ihn vielleicht traurig macht? Das will sie freilich nicht leugnen, es hat sie auch gefreut, dass er so vornehm und zart mit ihr umgegangen ist, so etwas erhält man sich gern, das sieht er wohl ein, ja, und so ist eben alles gekommen, gewissermaßen von selber. Und dass sie sich in die Rolle hineingefunden hat, das kann man ihr unmöglich verübeln, denn sie hat eben Fantasie – Fantasie auch noch zu allen ihren sonstigen guten Eigenschaften!

An dieser Stelle können wir gleich verraten, dass es mit dem Orlando nicht viel anders zugegangen sein wird, auch da ist eben alles so gekommen, gewissermaßen von selber, wir können uns das schon vorstellen, denn wir haben doch Fantasie – Fantasie auch noch zu allen unseren sonstigen guten Eigenschaften! Mit einem Male hatte er da eine Verschreibungsurkunde und einen Palast und war ein vermögender Herr, schließlich wächst man ja in die Rollen hinein, die einem das Schicksal zu agieren aufgibt. Aber das mag Orlando seinem Freunde Ippolito selber auseinander setzen, es soll unsere Sache nicht sein.

»Siehst du, Kerlchen, das mit dem Herrn Orlando hätte man wohl auch anders machen können, und dass du so schnell von Parma abreistest, das wäre ebenfalls nicht nötig gewesen. Der Mann ist übrigens wieder gesund geworden, das hat allen ordentlichen Leuten in Parma sehr Leid getan und den Herren vom Gericht gewiss auch, die haben genug Wirtschaft mit ihm, das ist so ein richtiger Galgenstrick und Händelfanger. Aber selbstverständlich gebe ich dir keine Schuld, du hast eben meinen Brief missverstanden, und ich hatte doch nur sagen wollen, du möchtest nicht gleich ins Haus kommen. Na, nun bist du da, und das ist die Hauptsache.«

Damit schmiegt sie sich wieder in seine Arme.

Soweit also hat alles seine Ordnung, und es muss nur noch mit Orlando die Vermögensangelegenheit ins Reine gebracht werden. Am Nachmittag begibt sich daher Ippolito in seinen Palast, der nun wirklich sehr prachtvoll und ganz nach seinem Geschmack eingerichtet ist. Eigentlich wollte er dem Orlando zwar sehr arge Dinge sagen, aber mittlerweile hat er ja eingesehen, dass alles nicht so schlimm ist und eben nicht viel anders hat kommen können. So bleibt im Grunde nur die vorwurfsvolle Frage bestehen, die er dem Orlando gleich nach der ersten Begrüßung und Beglückwünschung stellt: »Warum hast du mir denn nicht geschrieben?«

»Ach, weißt du«, antwortet Orlando, »ich war so beschäftigt mit all den Dingen, die ich für dich übernommen hatte. Zudem bin ich nie ein Freund von Schreibereien gewesen, darüber ermüden einem Augen, Finger und Hirn. Deswegen bin ich auch nicht Rechtsgelehrter geworden, sondern Soldat und dein getreuester Kamerad, und haben wir nicht Glück und Unglück miteinander geteilt?«

Darauf war nicht viel zu erwidern. Indessen musste eine Lösung gefunden werden, denn das war natürlich nicht denkbar, dass nun Orlando mit seiner vornehmen Frau ins Elend gehen sollte, und es wäre doch auch für Ippolito nicht angenehm gewesen, als Ehemann mit seiner Rosamonda in Sigismondos und der anderen Rosamonda engster Nachbarschaft zu leben. Aber da sie ja alte Kameraden und Freunde waren, so einigten sie sich auf einen anderen Ausweg, indem sie das bare Geld teilten, wobei Orlando die mühsame Berechnung des Wechselkurses auf sich nahm; und ebenso sollte es mit allerlei Nutzungsrechten und Renten und Pachteinkünften gehalten werden. Es muss freilich zugestanden sein, dass Ippolito einige Male Mühe hatte, sein Herz vor unfreundschaftlichen Gefühlen zu hüten, besonders als sie zusammen bei jenem ehrenwerten Notar saßen, der sich mit ihren Vermögensdingen schon einmal befasst hatte, und als Ippolito auf seinen Palast mit den Marmorherren, Vasen und Magnolien verzichten sollte. Aber es war nun einmal alles so verzwickt gekommen, und was wäre denn das für eine Unleidlichkeit, wenn er mit seiner Rosamonda im geerbten Palast wohnte und Orlando mit der seinen – zwei Vertriebene – beim Schwager Sigismondo nebenan? Nein, da war der vorstädtische Meierhof passender, Orlando hatte wiederum Recht, man konnte ihn ausbauen und verbessern, Geld war ja vorhanden und die Luft auch dort gesund.

Kurz, Ippolito und seine geliebte Rosamonda heirateten in Stille auf dem Meierhof, und es wurde bald offenbar, dass die junge Frau sich prächtig auf die Geflügelzucht und den Gemüsebau verstand, ihren Leuten auf die Finger zu passen und auch ihren Mann mit freundlichem Geschick anzuleiten wusste. Zwischen den Ehepaaren konnte gewiss ein eigentlicher Verkehr nicht stattfinden mit Rücksicht auf den Standesunterschied oder doch vermeintlichen Standesunterschied der Frauen, und weil die eine Rosamonda der anderen früher das Haar geflochten und die Kissen aufgeschüttelt hatte. Aber ohne seiner strengen Rosamonda davon Mitteilung zu machen, ging Orlando häufig auf den Meierhof und bewunderte, wie hier alles in seiner Ordnung, seiner Reinlichkeit und seiner Blüte stand. Dann aß er mit den beiden zu Abend, und sie sprachen von ihrer alten Freundschaft und wie sie immer Gutes und Böses geteilt hatten und wie zufrieden sie sein mussten, dass nun einem jeden sein Glück geworden war. Endlich jedoch fuhr Orlando beim Glockenschlag zusammen und machte sich mit einem Seufzer auf den Heimweg, denn seine Frau liebte es nicht, wenn er spät nach Hause kam; unterwegs aber war er so beschäftigt, eine Ausrede für sein Fortgewesensein zu ersinnen, dass ihm kaum Zeit blieb, seinen Freund Ippolito zu beneiden.

Übrigens hatte Ippolito längst aufgehört, seine Frau »Rosamonda« zu rufen, vielmehr sagte er einfach »mein Häschen« zu ihr oder nannte sie bei ihrem rechten Namen Lisa; und auch die Geschichte ihrer vornehmen Geburt hatte er vergessen. Sie hatten Kinder und lebten miteinander zufrieden wie Bauersleute, denen ihre Mühe von Gott zum Guten gesegnet wird.

Bravo! Bravo!

Der berühmte löwenmähnige Anarchist Michail Alexsandrowitsch Bakunin, ein umgetriebener, ruheloser und abenteuernder Mann, der alle Throne der Welt, insbesondere aber den Nikolais des Ersten zu erschüttern oder gar umzustoßen trachtete, dieser Bakunin hatte seine militärische Bildung in der Petersburger Artillerieschule empfangen. Er absolvierte diese Anstalt mit Auszeichnung, aber infolge eines Missgeschicks oder auch nur Missverständnisses kam er nicht, wie er gewollt hatte, zur Gardefeldartillerie, sondern zu einem Linieninfanterieregiment, das auf dem Lande, irgendwo in der abgelegensten Provinz, garnisonierte. Das hat ihn verdrossen, und vielleicht liegt hier der Grund, der ihn bestimmte, die anarchistische Karriere einzuschlagen. Bei diesem Regiment hielt er es ein Jahr aus; so weit es irgend angängig war, verbrachte er es im Schlafrock und auf dem Bette liegend. Dann fuhr er auf, nahm seinen Abschied und reiste ins Ausland. Was er dort getrieben und erlebt hat, lässt sich in jedem Geschichtsbuch nachlesen. Die Summe seines Lebens aber hat eigentlich sein ehemaliger Freund Belinski, den man den russischen Lessing nennt, mit dem Ausspruch gezogen: »Bakunin liebt die Ideen und nicht die Menschen.«

Vielleicht ist dies überhaupt das unterscheidendste aller Merkmale. Aber das nur nebenbei.

So wie es im Mittelalter für die Minne singenden Dichter eine vorgeschriebene Lebensweise gab, so gab es das im vergangenen Jahrhundert auch für die Anarchisten. Man war nicht sesshaft, außer wenn man in Haft war, und Bakunin hat bewiesen, dass er auch aus solchen Sesshaftigkeiten den Ausgang zu finden wusste. Überall, wo es brodelte, tauchten diese Männer auf. Zwischendurch wohnten sie in Zürcher und Genfer Pensionszimmern, hatten Zahlungsschwierigkeiten und Umstände mit der Fremdenpolizei, rauchten, tranken Tee und diskutierten. Auch schrieben sie Briefe, die später von gelehrten Leuten zu dicken Büchern zusammengestellt wurden.

Kaiser Nikolai befahl seinem unruhigen Leutnant im Ruhestande, nach Russland zurückzukehren. Der Leutnant verweigerte den Gehorsam. Der Kaiser schloss ihn aus dem russischen Untertanenverbande aus. Für diesen Vorgang ist nachmals das Wort »Ausbürgerung« aufgekommen.

Sie wissen vielleicht, dass es zu Pfingsten 1849 in Dresden eine Revolution gab, dass sich eine provisorische Regierung bildete und dass König und Hof auf die Festung Königstein flüchteten.

Diese Vorgänge behandelte ein Bericht, den die russische Gesandtschaft in Dresden nach Petersburg schickte. Er schilderte die Bildung der provisorischen Regierung und verfehlte nicht, hierbei des

Hofkapellmeisters Richard Wagner zu gedenken – »ein Mann von den verwerflichsten Grundsätzen, ehemals Kapellmeister in Eurer Majestät Gouvernementshauptstadt Riga«.
Weiterhin hieß es: »Ich bedaure Eurer Kaiserlichen Majestät alleruntertänigst melden zu müssen, dass es einer von den Untertanen Eurer Majestät gewesen ist, der die Widerstandslust der ansonsten führerlosen und bereits entmutigten Revolutionäre immer von neuem aufstachelte. Es handelt sich um den Eurer Kaiserlichen Majestät bekannten Aufrührer und Unruhestifter Michail Alexsandrowitsch Bakunin, ehemaligen Leutnant, der, nachdem er im Vorjahr an der Prager Revolte teilgenommen ... Ohne ihn wäre es vermutlich gegenüber den anrückenden königlich-sächsischen und königlich-preußischen Truppen überhaupt nicht zum Widerstande gekommen. So aber ... Insbesondere wusste er von den keineswegs bedeutenden Beständen an Geschütz und Artilleriemunition einen solchen Gebrauch zu machen, dass ...«
Als der Zar bis hierher gelesen hatte, tat er etwas Überraschendes (die Akten haben es aufbewahrt). Nämlich er ergriff, während er sonst sorgfältig zu wählen liebte, die erste beste der vor ihm in einem malachitenen Behälter stehenden Gänsefedern und versah in seinen dicken, wohl zwei Zoll hohen Buchstaben den Bericht von den Taten seines Todfeindes mit der Randbemerkung: »Bravo! Bravo! Ein Hoch Unserer Artillerieschule!«

Die Klassenbücher

Ende der 90er-Jahre ereignete sich in einer norddeutschen Handelsstadt ein Vorfall, der viel Aufsehen machte und ungeklärt blieb. Die Angelegenheit ist verjährt, ich darf sie berichten.

Als ich auf das Gymnasium nach Lübeck kam, lag sie schon Jahre zurück; trotzdem wurde immer noch von ihr geraunt, und für uns hatte sie den düsteren und geheimnisvollen Glanz einer mythischen Untat. Ein Zufall ließ mich im Kriege die Bekanntschaft des Hauptmanns Prahl machen (er hieß anders). Es erwies sich, dass wir, freilich durch ein Jahrzehnt getrennt, das gleiche Gymnasium besucht hatten. Das Gespräch fiel auf die in Rede stehende Begebenheit. Prahl bekannte sich zur Täterschaft.

»Ich hatte die Geschichte selbst fast vergessen«, sagte er lächelnd. »Sie sind der erste Mensch, dem ich sie erzähle.«

Als einziger von dreiundzwanzig jungen Leuten war Prahl nicht zum Abiturientenexamen zugelassen, sondern für ein halbes Jahr zurückgestellt worden, ob mit Recht oder Unrecht, stehe dahin; er war vom letzteren überzeugt.

Während der folgenden Zeit war sein Verhältnis zu den Lehrern das einer gegenseitigen kühlen Höflichkeit. Keiner erwartete von ihm eine sehr große Anteilnahme an den Gegenständen des Unterrichts. Es war stillschweigende Übereinkunft, dies halbe Jahr und das ihm folgende Examen als notwendige Formalität zu behandeln. Während der Stunden belästigten ihn die Lehrer kaum durch Fragen und nahmen auch sonst manche Rücksicht; er blieb sich selbst und seiner Sonderstellung überlassen.

Der junge Mensch befand sich in einer zwielichtigen Seelenverfassung. Sein eigentliches Leben – denn mit der Immatrikulation in Tübingen stellte er sich dessen Beginn vor – war um ein halbes Jahr vertagt, das Gegenwärtige bot ihm nichts; diese Zeit war ein unbestellter, ein unbestellbarer Acker. Zuweilen überwältigte ihn eine Stimmung der Aufsässigkeit gegen Vorschriften und Institutionen; doch erschien es ihm seinen Jahren und seinem Wesen unangemessen, diese Stimmung in kleinen Patzigkeiten oder Flegeleien gegen einzelne Lehrer, wie sie in unteren Klassen üblich waren, laut werden zu lassen. So verfiel er auf allerhand Absonderlichkeiten, die ihm den Ablauf dieser dämmerigen Zwielichtigkeit ertragen helfen sollten.

Nach der Sitte unseres Gymnasiums hatte er als am längsten in der Oberprima Ansässiger die Obliegenheiten des Primus zu versehen. Dazu gehörte die Führung des Klassenbuchs.

Die Anstalt befand sich in einem weitläufigen, aus einem alten Klosterbau erwachsenen Gebäude. In einem der langen, gewölbten Gänge des Erdgeschosses standen auf einem Regal die Klassenbücher der Reihe nach nebeneinander. Da dem Gymnasium auch eine Realabteilung und eine Vorschule angegliedert waren und manche Klassen in Parallelklassen zerfielen, so waren es fast zwei Dutzend verhängnisvoller schwarzer Bücher, die jeden Morgen von den Primussen geholt und jeden Mittag wieder an ihren Ort gebracht wurden. Diese Verrichtung beeinflusste Prahls Gedanken. Immer deutlicher glaubte er in diesen Büchern die Instrumente, ja die Inbegriffe und verkörperten Symbole jener verruchten bürokratischen Ordnung zu erblicken, die ihm – wie er meinte, grundlos – ein halbes Jahr seines Lebens vorenthielt. Wie viele Kindertränen, wie viele enttäuschte Knabenhoffnungen, wie viele Strafbefürchtungen, unbehagliche Mittagsmahlzeiten und getrübte Feiertage vertraten diese schwarzen Bände!

Sein Plan reifte langsam. Dann gab es so vieles zu bedenken und vorauszusehen, so vielem vorzubeugen, dass die Beschäftigung mit dieser Absicht wirklich einer ungefüllten Zeitspanne Gehalt geben konnte.

Nachmittags fanden nur vereinzelte und freiwillige Unterrichtsstunden statt, wie Stenographie und Hebräisch. An düsteren Herbst- und Wintertagen lag das ganze riesige Gebäude in einem Dunkel, aus dem sich nur die wenigen gerade benötigten Klassenzimmer heraushoben. Die Korridore waren dürftig erleuchtet, gerade so weit, dass niemand treppab stürzen konnte.

An einem regnerischen und nebligen Nachmittag dieser Art erschien Prahl in einem weitbauschigen Cape. Er wartete ungesehen bis zum Glockenschlage, der den Unterrichtsbeginn anzeigte und jedem Verkehr auf den Gängen ein Ende machte. Er schlich ans Regal, umschnürte die Buchreihe mit dem mitgebrachten langen Riemen und trug sie unter seinem Umhang davon.
Prahl hatte alles bedacht. Außerhalb der Stadt, im Weidendickicht des Flussufers, lag ein starker Sack mit einigen Feldsteinen. Prahl erreichte, ohne dass ihm in dem argen und unsichtigen Wetter eine gefährliche Begegnung widerfahren wäre, die Stelle; bald darauf waren Sack, Steine und Bücher im Wasser versunken.
Die Aufregung des nächsten Morgens ist schwer zu schildern. In jeder Klasse wurde zuerst angenommen, der Direktor habe sich das Buch durch den Kustos zur Einsicht in sein Amtszimmer bringen lassen; dies erregte Befürchtungen. Manche Primusse meinten, nur ihr Buch sei verschwunden, die andern seien schon von ihren Betreuern geholt. In der ersten Pause sickerten Gerüchte. Bald stand der Umfang des Geschehenen fest. Es wurde gesucht und gefragt, Lehrern und Schülern schien der Unterricht mit einem Male unwichtig, in allen Pausen tuschelten erregte Gruppen; der Direktor setzte für den Nachmittag eine außerordentliche Konferenz an.
Ein jüngerer Oberlehrer, der als Reserveoffizier im Geruch besonderer Tatkraft stand, wurde mit den

Nachforschungen betraut. Als er endlich seinen Misserfolg gestehen musste, beschloss der Direktor, die Angelegenheit der Polizei zu übergeben. Bisher hatte man noch, wiewohl umsonst, versucht, die Sache als internen Schulskandal zu behandeln; von nun an war die Öffentlichkeit auch *de jure* zugelassen. In den Zeitungen erschienen spaltenlange Berichte. Die gesamte Bevölkerung, die in ihrem altberühmten, seit Jahrhunderten von weit her mit Schülern beschickten Gymnasium etwas wie die Landesuniversität ihres kleinen Stadtstaates sah und von ihm gern als von der »Hohen Schule« sprach, nahm einen Anteil, als wäre ein Einbruch ins Rathaus oder ins Staatsarchiv geschehen.

Prahl wurde mehrfach vernommen; ob nur in seiner Eigenschaft als *Primus omnium* und Klassenbuchführer der Oberprima oder auf Grund einer Verdächtigung, konnte er nicht erkennen. In jedem Falle blieben die Verhöre ebenso erfolglos wie alles andere, das in dieser Sache unternommen wurde.

Inzwischen waren neue Klassenbücher eingerichtet worden; nach einer Weile waren sie ebenso gewohnt wie die alten. Einige Eintragungen versuchten die Lehrer aus dem Gedächtnis wiederherzustellen und in die neuen Bücher hinüberzunehmen. Der Direktor fürchtete Irrtümer und Ungerechtigkeiten und untersagte es. Tatsächlich war also etwas wie eine Amnestie geschehen, die manchem zugute kam.

Allmählich erlosch die Untersuchung. Die Aufregung war längst erloschen.

Was mir an dieser Geschichte so wunderbar erschienen ist und noch heute erscheint, das ist die Charakterfestigkeit des Täters. Es ist hier nicht von Verschwiegenheit zu sprechen, schweigen kann auch ein Junger. Aber wie wenige hätten sich in seiner Lage behauptet! Hier stand ein junger Mensch, noch ungeprüft und unbewährt, plötzlich im Mittelpunkt eines Gemeinwesens. Ihn, ihn allein meinten tausendfältig die Gedanken der Stadt, ohne ihn zu erkennen. Es konnte in dieser Zeit niemand mit einer Primanermütze einen Laden, einen Straßenbahnwagen, eine öffentliche Promenade betreten, ohne um seine Ansicht von der Täterschaft befragt zu werden. Prahl, dessen Natur im Grunde eine offene und umgängliche war, Prahl, dem sein Lebensalter eine Art der Ruhmredigkeit als selbstverständliches Element nahelegte, Prahl trug ein kaum zu wägendes Gewicht, eine grenzenlose Einsamkeit war plötzlich zur Dominante seines Daseins geworden. Jede Sekunde muss ihm in dieser Zeit die Trägerin einer Versuchung gewesen sein. Ihn versuchte bis zum äußersten die gefährliche Wolllust der hingeworfenen Bemerkung (»Wenn ich reden wollte ...«), ihn versuchte der Trieb, sich ein wissendes Ansehen zu geben, und sei es nur durch eine Miene, ein halbes Lächeln, ihn versuchte die Lockung des Spielens mit der Gefahr, alle die Dinge, durch die so viele Übertreter sich plötzlich verraten sahen. Er bestand diese Versuchungen alle; Geschwistern, vertrautesten Freunden, geliebtesten Mädchen, Korpsbrüdern und alten Mitschülern gegenüber behauptete er, selbst im Trunk, seinen Vorsatz. Als Student nahm er manchmal an Abiturientenkommersen teil, an Zusammenkünften ehemaliger Gymnasiumsangehöriger, bei denen häufig jenes Vorkommnisses gedacht wurde; auch da schwieg er.

»Aber jetzt plötzlich«, sagte Hauptmann Prahl, »nachdem Sie mich wieder auf diese vergessene Dummejungengeschichte gebracht haben, jetzt habe ich mit einem Male ein brennendes Verlangen, sie meiner Frau zu erzählen. Es ist töricht, denn ich habe die Qualen jener Zeit längst verwunden, und doch habe ich die alberne Vorstellung, ich müsse mich nachträglich schadlos halten. Was für eine Genugtuung könnte das schon sein? Aber wahrhaftig, beim nächsten Urlaub erzähle ich es meiner Frau, unbedingt tu ich das.«

Das Gespräch fand in Kurland statt, in der letzten Augustwoche des Jahres 1917. Hauptmann Prahl ist nicht mehr auf Urlaub gefahren, er fiel beim Düna-Übergang am 1. September.

Der Alte

In Andilly-les-Prés erinnern sich ältere Leute noch heutigentags an Père Mathurin und gedenken seiner wohl gelegentlich in ihren Unterhaltungen. Es versteht sich, dass insbesondere sein neunzigster Geburtstag und die ihm folgenden Begebenheiten sich im Gedächtnis des Dorfes erhalten haben.

Père Mathurin hatte mit etwa siebzig Jahren seine Landwirtschaft verkauft und ein hübsches kleines Häuschen als angemessenen Ruhesitz erworben. Eine ältliche Maurerswitwe aus St. Sauveur besorgte ihm lange den Haushalt. Er war schon hoch in den Achtzigern, als er ihr kündigte. Man fragte ihn, wer ihm nun die Wirtschaft führen solle, und einige Frauen aus der Verwandtschaft spitzten sich schon auf diesen Posten, der ihnen Gelegenheit bieten konnte, stets um Père Mathurin zu sein und die übrigen Testamentsanwärter aus dem Felde zu schlagen. Er aber antwortete nur, er werde sich schon einzurichten wissen, und verbat sich neugierige und zudringliche Fragen. Von da an lebte er in seinem Hause allein.

Die Glückwünschenden fanden sich, da es ein Feiertag war, bereits in den Vormittagsstunden ein. Einige Nachbarn waren darunter und außer dem Maire auch der Pfarrer, ein noch junger Mann; die Hauptzahl aber stellte Père Mathurins Verwandtschaft. Sie bestand aus den Nachkommen seiner längst verstorbenen Geschwister und war zahlreich und weit verzweigt. Père Mathurin konnte sie nicht recht auseinander halten und gab sich nicht die geringste Mühe, das zu verbergen. In seinen Augen waren sie alle gleich, denn alle lauerten sie auf seinen Tod, und alle wollten sie erben.

Der Pfarrer sprach davon, dass es eine besondere Gnade von Gott sei, wenn einer so ein hohes Alter erreiche und noch von allen leiblichen Gebrechen und Beschwerden verschont geblieben sei.

»O ja, Essen und Trinken schmeckt noch, und die Pfeife auch«, sagte der Alte schmunzelnd, womit er freilich in etwas herausfordernder Weise übertrieb, denn sein Nahrungsbedürfnis war gering geworden, und dies entsprach wohl einer geminderten Fähigkeit seines Körpers, Nahrung aufzunehmen und zu verwerten.

»Den ganzen Mund habe ich noch voller Zähne«, setzte er hinzu.

Der Pfarrer fuhr fort in seinen anspracheähnlichen Auslassungen und sagte, Gott habe dem Père Mathurin ja auch sonst noch manche Gnade erwiesen, indem er seine Arbeit durch Wohlstand gesegnet habe. Und wenn er ihm in einem anderen Punkt den Segen versagte, indem er ihm keine Nachkommenschaft erweckte, so müsse man das halt hinnehmen. Hiermit spielte er darauf an, dass Père Mathurins Frau vor etwa fünfundsechzig Jahren kinderlos verstorben war; Père Mathurin selbst erinnerte sich dessen nur noch ungenau.

Jetzt lächelte er bei diesen Worten des Pfarrers und zwinkerte, als wollte er sagen: »Das werden Sie nicht so genau wissen, Herr Pfarrer. Vielleicht läuft da manches im Dorf oder in der Nachbarschaft herum, was dartun könnte, dass mir auch hier der Segen nicht gemangelt hat.«

Der Pfarrer hätte gut Père Mathurins Enkel sein können. Er wurde ein wenig verlegen angesichts der völligen Ungezwungenheit des Alten und seiner dreist anstarrenden, etwas spöttischen Blicke. Er kehrte rasch zu dem Segen zurück, den Gott auf Père Mathurins Arbeit und seinen Erwerb gelegt habe.

Nun, er habe auch sein Leben lang die Arme gerührt und das Seinige zusammenzuhalten gewusst, versetzte der Alte. Anspielungen solcher Art hatte er oft genug zu hören bekommen, und sie hatten dazu beigetragen, ihn auf seine Gedanken zu bringen.

»Freilich, dorthin, wohin eines Tages wir alle gehen müssen, dorthin lässt sich nichts mitnehmen«, sagte der Pfarrer und verbreitete sich nun darüber, wie weislich das von Gott eingerichtet sei.

Die Absichtlichkeit dieser Worte wurde nicht nur von Père Mathurin verstanden, sondern auch von den Gratulanten, und es gab einige gerunzelte Gesichter. Das wusste jeder, dass der Pfarrer der Hoffnung war, Père Mathurin werde in seinem Testament die Kirche bedenken.

»Schon gut, schon gut«, sagte schließlich der Alte, dem Pfarrer ins Wort fallend, lächelte verkniffen mit seinem faltigen Gesicht und sah sich dabei mit unverhohlener Neugier nach den übrigen Besuchern um und nach den Geschenken, die sie in der Hand oder unter dem Arm hielten.

Einer nach dem andern, wobei um die Reihenfolge ein wenig gestritten wurde, schoben nun diese Übrigen sich heran, sagten ihre schmeichlerischen Glückwünsche her und überreichten ihre Geschenke, eine Pastete, einen Schinken, einen Kuchen, einen Radkäse, einen Rasierspiegel, ein Päckchen Tabak, eine Flasche Wein oder ein gestricktes Halstuch. Keiner war unbefangen; der eine fürchtete, er tue zu viel, der andere, er tue zu wenig; jeder war getrieben von der Vorstellung, er müsse den Mitbewerbern den Rang abgewinnen.

Dazwischen schnupperten sie, denn es roch nach Feuchtigkeit, und das Holz des Bodenbelages war angefault; allenthalben machte sich das Fehlen einer Hausfrau bemerkbar. Von den zur Gratulation gekommenen Weibern dachte ein jedes: »Bin ich hier erst Meisterin, dann wird es bald anders aussehen.«

Der Alte ließ sich alles gefallen, in einem Gemisch von Herablassung, Gleichgültigkeit und Spott. Was ihm gesagt wurde, hörte er an, meist ohne sich dazu zu äußern. Was ihm überreicht wurde, musterte er kurz und tat es dann auf den Tisch.

Die kleine Madeleine Labrande musste, einen Blumenstrauß in den Händen, ihm ein Gedicht hersagen, und dazu hatte man ihr den Kranz mit weißen Stoffrosen aufgesetzt, noch von der Erstkommunion her, und Frau Charpentier, die ebenfalls eine Tochter dieses Alters hatte, sagte sich zornig, auf den Gedanken hätte sie doch auch verfallen können, aber freilich, diese Bestie, die Frau Labrande, die müsse ja überall die Nase im Wind haben und ihr im Wege stehen.

»Schon gut, schon gut«, sagte Père Mathurin und begann sich eine Pfeife zu stopfen.

Da er keine Miene machte, seine Besucher in irgendeiner Art zu bewirten, wurden diese mit dem Gedanken vertraut, dass sie wohl für heute nichts mehr zu erwarten hatten. Mancher wäre wohl schon gegangen, hätte er nicht eine Scheu gehabt, den anderen die Bahn freizugeben und damit in Nachteil zu geraten.

Als Père Mathurin merkte, dass einige sich schon zum Aufbruch rüsteten, beeilte er sich, das kleine Schauspiel stattfinden zu lassen, das er den Versammelten zugedacht hatte. Er wandte sich an den Pfarrer und dankte ihm noch einmal für seinen Glückwunsch. Der Herr Pfarrer wisse ja, dass er, Père Mathurin, es nie mit der Gottlosigkeit gehalten habe. Ja, und das sei auch bekannt, dass er aus einer gottesfürchtigen Familie stamme. In seinen Jahren könne der Tod unversehens zur Stelle sein, da heiße es Vorsorge treffen.

Hier machte er eine Pause. Die Spannung der Zuhörer war sehr groß. Einige stießen sich an, ein paar Frauen seufzten. Einige Köpfe, rot oder farblos geworden, schnellten vor, als sei Gefahr, etwas von den weiteren Worten zu verlieren. Niemand wagte, sich auch nur zu räuspern.

Hier zum ersten Male schien die Decke oder doch ein Zipfelchen der Decke sich heben zu wollen. All diese Männer und Frauen beschäftigte seit langem kaum ein anderer Gedanke mit solcher Hitzigkeit wie der an Père Mathurins letztwillige Anordnungen, und manche von ihnen gab er kaum für Stunden frei; er beschäftigte sie bei der Arbeit, er beherrschte ihre Gespräche, ihre einsamen Überlegungen, ihre Zukunftspläne, ja, ihre Träume. Niemandem war es gelungen, dem Alten auch nur die behutsamste Äußerung zu entlocken.
Père Mathurin sog an seiner Pfeife. Man müsse, so fuhr er fort, auf die Wohlfahrt seiner Seele Bedacht nehmen. Kurz, es sei ihm daran gelegen, dass nach seinem Hingang Messen für ihn gelesen würden. Er wünsche das bei Lebzeiten zu ordnen und mache sich ein Vergnügen daraus, dem hochwürdigen Herrn Pfarrer noch aus warmer Hand eine hierfür bestimmte Summe zu überreichen.
Wieder schaltete er eine kleine Pause ein, während deren man Frau Charpentier vor Spannung ächzen hörte. Dann nannte er die Summe. Sie war höchst bescheiden und entsprach etwa der Gebühr für ein Dutzend bestellter Messen. Er griff in die Tasche und legte das bereitgehaltene Geld, zwei Banknoten und einige Münzen, vor den Pfarrer auf den Tisch, dazu eine schon vorbereitete und datierte Quittung. Dann blies er behaglich ein paar mächtige Rauchschwaden in die Gesichter der ihm zunächst Stehenden.
Der Pfarrer dankte sauersüß und unterschrieb die

Quittung mit einem ärgerlichen Ausfahren der Feder. Er verstand wohl, dass er sein Spiel verloren hatte und die Hoffnung auf ein der Kirche zuzuwendendes Legat fliegen lassen musste. Père Mathurin gab ihm Geld für die Messen, Geld für eine Leistung, die ihren Preis hat. Da wird gekauft und bezahlt, das hat seine Ordnung. Aber eine Stiftung machen, etwas herschenken? – da müsste er ja töricht sein.
Ein paar Dummköpfe unter der Verwandtschaft verdross es, dass der Alte ein bares Geld, das nach ihrer Meinung ihnen zustand, vor ihren Augen aus der Hand gab. Frau Labrande und Frau Charpentier waren sich einig und starrten den Pfarrer mit ehrerbietig hassvollen Blicken an. Die Gescheiteren aber atmeten auf. Es dünkte sie erwiesen, dass es mit der Fortgabe dieser Summe sein Bewenden haben und das Testament der Kirche nicht weiter gedenken werde. Père Mathurin erklärte sich für ruhebedürftig. Die Besucher verabschiedeten sich. Er sah ihnen durchs Fenster nach und fühlte seine Macht. Alle diese Menschen waren ihm untertan. Aber er war nur mächtig, solange er lebte und besaß. Wer stirbt und beerbt wird, ist der Unterlegene. Ums Sterben kommt man nicht herum, dafür ist man ein Mensch. Aber Beerbtwerden oder Nichtbeerbtwerden – ah, das hat man in der Hand!
Er lachte meckernd vor sich hin bei der Erinnerung daran, wie er den Pfarrer abgefertigt hatte. Und doch reichte diese Genugtuung nicht ganz aus, ihn seinen Ärger über den Pfarrer vergessen zu machen. Das

hatte ihm der auch heute gerade sagen müssen, am neunzigsten Geburtstag, wie recht Gott es gemacht habe mit seiner Einrichtung, dass sich kein Besitz über das Grab hinaus mitnehmen lässt!

Père Mathurin war anderer Meinung. Ihn erfüllte gerade diese Vorstellung mit brodelndem Ingrimm, so oft sie in ihm aufstieg, und das geschah nicht selten; vielmehr, sie war ihm stets gegenwärtig. Auf eine schamlose Art suchte die Weltordnung sich auf die Seite der überlebenden Verwandtschaft zu stellen. Nun, der würde er den Spaß verderben.

Er hatte daran gedacht, heimlich sein Haus gegen eine Leibrente umzutauschen und der Verwandtschaft das Nachsehen zu lassen. Aber nein, auch in diesem Falle wurde er beerbt, nur dass der Erbe jemand anders war.

Niemand und niemand sollte von ihm erben! Konnte er nichts mitnehmen, so wollte er auch nichts hinterlassen. Rächen wollte er sich an jener Weltordnung, die ihm das Mitnehmenkönnen verwehrte, und zugleich an allen, die sie billigten und, auf sie gestützt, ihn auszuplündern dachten. Und in ihrer Art sollten sie alle mit betroffen werden von diesem bösen, ihm unrechtmäßig und unverdient erscheinenden Lose des Nichtsmitnehmenkönnens. Ah, denen wird er es zeigen!

Père Mathurin ruhte sich ein wenig aus und nahm dann ein paar Schluck vom heiß gemachten Rotwein, in den er sich zwei rohe Eier geschlagen hatte. Es war freilich ein schwüler Tag im Hochsommer, aber mit

neunzig Jahren friert man leicht, selbst wenn man noch einen zähen und gesunden Körper hat.
Er rauchte noch eine Pfeife und begann darauf mit seinen Vorbereitungen. Diese bestanden in der Hauptsache darin, dass er die unverbrennbaren Stücke seines Hausrats und Besitzes, so weit sie nicht zu groß oder zum Tragen zu schwer waren, in einen Sack packte. Das Brennbare aber türmte er in hohen Haufen vor dem Herd und dem Ofen in die Höhe.
Eine dritte Sorge galt dem Ess- und Trinkbaren. Hiervon war ein winziger Teil für die Bedürfnisse des Tagesrestes und des kommenden Morgens abzusondern. Das Übrige war durch Fortschütten, Verbrennen, Eingraben unrechtmäßiger Verwendung zu entziehen. Ein Stück Salzfleisch von Kopfkissengröße warf Père Mathurin unter die Hunde auf der Dorfstraße, und ein des Weges Kommender erzählte davon zu Hause und setzte hinzu, es sei eine Erfahrung, dass das Alter milde und rührselig mache; Père Mathurin wolle an seinem Ehren- und Freudentage auch die Tiere teilnehmen lassen.
Derweil glühten in Père Mathurins Hause der Ofen und der Herd. Er hatte nachzuschieben, sobald das Feuer wieder eine Last verzehrt hatte. Er verbrannte hölzernes Geschirr und Gerät, Kochlöffel, Axt- und Spatenstiel, die Harke, den Regenschirm. Er verbrannte Kleidungsstücke, Wäsche, Bettzeug und Schuhwerk. Nur so viel behielt er zurück, dass er die letzte Nacht bequem schlafen und sich am nächsten Morgen bekleiden konnte. Er zerschlug Glas

und Geschirr, auch die Wanduhr und den neuen Rasierspiegel.
In der Nacht schlief er ruhig, wenngleich, wie es seinem Alter entsprach, nur wenige Stunden. Am Morgen fuhr er in seinem Verbrennungsgeschäft fort und genoss dabei die gute Wärme des Feuers.
Er frühstückte in einer Gemächlichkeit, die nur dazwischen durch ein jähes Aufschäumen der Empfindungen unterbrochen wurde. Nie vielleicht hatte er in solcher Stärke gelebt und das Leben gefühlt wie an diesem Morgen, der sein letzter sein sollte; nie die Macht, die der Besitz ihm gab, so kraftvoll gespürt, wie jetzt, da er sich seiner entäußerte, und zwar entäußerte nicht zugunsten jener anderen Menschen, die ihm Besitz und Macht neideten und sie unbefugterweise an sich bringen wollten, sondern zuungunsten aller Menschen auf der Welt. Wie einen kalten Rausch genoss er den Triumph, diesen Morgen noch erlebt zu haben. Wie leicht hätte es geschehen können, dass er vorzeitig und unversehens gestorben wäre! Dass ihm die Zeit, seine Anstalten zu Ende zu treffen, nicht mehr gewährt worden wäre! Nun aber lässt sich vielleicht sagen, dass es nur der Gedanke dieses Tages und seines Vorhabens gewesen war, was ihn bis jetzt am Leben erhalten hatte. Und welch anderen Ausweg hätte er wählen können als diesen? Wie sonst verhindern, dass den Erben wenigstens das zufiele, was er in täglicher Benutzung hatte, auf dem Leibe trug oder für die laufenden Ausgaben brauchte?

Père Mathurin legte einen großen Bogen Papier und ein Bleistiftendchen vor sich auf den Tisch. Lange grübelte er über den Wortlaut nach. Endlich setzte er mit sehr großen Buchstaben die Überschrift »Testament« hin und unterstrich sie mehrere Male. Er war des Schreibens wenig gewohnt. Aber die Mühe wog sich auf, denn jedes Wort, jeder Satz, den er zustande brachte, jeder dieser wenigen, höhnisch triumphierenden, jedoch mehr andeutenden als Auskunft gebenden Sätze vergalt ihm die aufgewandte Anstrengung mit Hochgefühl und Lust.

Père Mathurin wusste nicht, in wie hohem Maße die ihm aus Anlass seines neunzigsten Geburtstages zugewandte Aufmerksamkeit des Dorfes sich mittlerweile verstärkt hatte. Schon am Abend nämlich waren nach Andilly-les-Prés Neuigkeiten gelangt, die, ohne dass sie nun geradezu beunruhigend gewesen wären, doch die Gedanken und Redereien der Leute aufs heftigste in Anspruch nehmen mussten. Ein junger Mann hatte den Feiertag in der Arrondissementsstadt Blancourt verbracht und von einem seiner dortigen Bekannten, der Schreiber am Gericht war, gesprächsweise erfahren, Père Mathurin habe unlängst sein Haus mitsamt dem Mobiliar an Herrn Nollet, einen Einwohner von Blancourt, verkauft, sich aber ausbedungen, es bis an seinen Tod mietfrei bewohnen zu dürfen. Und noch eine andere Nachricht hatte der junge Mann mitgebracht, die aufregender, zugleich aber gerüchthafter und weniger gut beglaubigt war: Es hieß, Père Mathurin habe vor einigen Tagen bei der Sparkasse von Blancourt sein gesamtes Guthaben bis auf den letzten Sou abgehoben. Nun wurden, in Stuben oder über Zäune hinweg, hitzige und abenteuerliche Mutmaßungen angestellt. Mit ihnen mag es zusammenhängen, dass, als sich in der Morgenfrühe die Nachricht verbreitete, Père Mathurin habe mit einem großen Sack sein Haus verlassen, eine Unruhe aufkam. Da ja die Einbildungskraft des Volkes jederzeit stärker von Hartgeld als von Papier angezogen wird, so hieß es, der Sack enthalte des Alten Barvermögen, und er wolle mit seinem Gelde davongehen. Da erhob sich denn bald die schnell beantwortete Frage, ob es nicht zweckmäßig sein möchte, sich nach ihm umzutun und Acht zu geben.

Père Mathurin hatte inzwischen sein Ziel erreicht. Das war eine abgelegene Stelle unterhalb des Flussdammes an der dem Wasser zugekehrten Seite, dort, wo sich jetzt, als in einem trockenen Sommer, zwischen Dammböschung und Ufer ein breiter, mit Buschwerk bestandener Grasstreifen erstreckte.

Der Sicht vom Dorfe her durch den Damm entzogen, setzte er den Sack ab und wischte sich ächzend die schweißfeuchte Stirn. Der Sack war schwer, und Père Mathurin fühlte sich erschöpft. Es ärgerte ihn, dass er sich nicht einen Schluck Wein zur Stärkung aufgehoben und mitgenommen hatte. Auch eine letzte Pfeife Tabak wäre jetzt nicht schlecht gewesen.

Er holte aus dem Sack, was zuoberst gelegen hatte, trockenes Holz, Stroh, Papier, eine Flasche Petroleum, schichtete es zweckmäßig und machte Feuer.

Während es zu brennen begann, zog er das Testament aus der Rocktasche, faltete es auseinander und überlas es mit Befriedigung noch ein letztes Mal. Dann ging er zum nächsten Weidenbusch und befestigte es an einem Ast.

Er warf einen Blick auf das Feuer und rückte ein paar Holzstücke zurecht. Darauf ergriff er den immer noch recht schweren Sack und ging ans Ufer. Stück für Stück des Sackinhalts schleuderte er, weit ausholend, ins Wasser, hierhin und dorthin, stromauf und stromab, immer aber so, dass seine Würfe über das seichte Uferwasser hinaus die Region größerer Tiefe erreichten. Was er auf diese Weise in Sicherheit brachte, das waren Essbestecke und Küchengeräte, die Axtklinge, das Spatenblatt, das Rasiermesser, die Gießkanne, der Hausschlüssel, kurz, alle die metallenen Gegenstände, die er weder durch Feuer noch durch Zertrümmern hatte vernichten können. Auch die Uhrgewichte waren dabei. Und als Letztes sandte er ihnen seine sämtlichen Geldmünzen nach; es waren mehrere Hand voll.

Père Mathurin kehrte zum Feuer zurück, das inzwischen zu einiger Mächtigkeit und Höhe gediehen war. Er warf den leeren Sack hinein und begann sich zu entkleiden.

Alles, was er abgelegt hatte, übergab er den Flammen, die Schuhe, den Rock, die verschabte braune Samthose, das Hemd. Dies Zeug ließ sich nur langsam und widerwillig vom Feuer ergreifen, und fast hätte es den Brand erstickt. Es war gut, dass er sich den größeren Teil des Petroleums bis jetzt aufgehoben hatte. Der stinkende Qualm stieg, da es windstill war, gerade zur Höhe.

Einige Banknotenpäckchen hatte er zuvor aus den Taschen genommen und beiseite ins Gras gelegt. Jetzt hob er sie auf, zählte sie noch einmal durch und wog sie eine Weile in der Hand. Darauf hockte er sich nieder und schob sie behutsam ins Feuer.

Es fröstelte ihn in seiner mageren Nacktheit. Etwa eine Minute verblieb er noch beim Feuer. Dann wandte er sich ab, ging ans Ufer und watete durch das flache Wasser vorwärts.

Als er merkte, dass es anfing, tief zu werden, und er zugleich die stärkere Strömung zu spüren begann, blieb er stehen. Vorsichtig und misstrauisch, wie er war, bekreuzte er sich, ehe er sich vorschnellte.

Die Rauchsäule, obwohl an einer abgelegenen Stelle emporsteigend, hatte die bereits geweckte Aufmerksamkeit des Dorfes schließlich angezogen. Dennoch war es nicht einer der Dorfbewohner, der als Erster an diese Örtlichkeit kam, sondern der Gendarm, und es war ein reiner Zufall, dass er gerade oben auf der Dammkrone entlangging. Er erblickte einen von der Strömung erfassten, rasch abtreibenden Körper. Er stieß einen lauten Schrei aus und rannte sofort die Böschung hinunter, in schräger Richtung, um der Strömung ein Stück zuvorzukommen. Noch im Laufen öffnete er die Knöpfe seines Uniformrocks und die Schnalle des Lederzeugs. Unten, am Dammfuß, warf er Rock und Waffengehänge ab und stürzte sich in den Fluss. Er erreichte den willenlos auf- und niedertauchenden Körper und kehrte mit der leichten Last ans Ufer zurück. Der Alte, der eine ziemliche Menge Wasser geschluckt haben mochte, war ohne Bewusstsein, doch schien es dem Gendarmen, als sei er am Leben. Noch während er, ins Seichte gelangt, dem Ufer zuwatete, rief der Gendarm laut nach Hilfe. Als er Père Mathurin ins Gras legte, kamen bereits Leute, die ohnehin um des Alten willen auf den Beinen waren, von der Dammkrone heruntergelaufen, es gab allerhand Geschrei und Getümmel, und dann machte man mit dem Alten, dessen Herz man noch schlagen fühlte, die hergebrachten Wiederbelebungsversuche. Man hob und senkte rhythmisch seine Arme, man rieb ihm die Fußsohlen und nahm auch sonst allerhand Zweckmäßiges und Unzweckmäßiges mit dem dünnen, ausgemergelten und schartigen Greisenkörper vor. Jemand lief nach Branntwein. Es wurde viel geredet und lamentiert. Noch war die Meinung, Père Mathurin habe beim Baden ein Missgeschick gehabt; man schalt auf seinen Unverstand und seinen Mangel an Vorsicht.

Endlich gewahrte man Zeichen des Lebens, die über den bloßen Herzschlag hinausgingen. Der Gendarm rief ein paar Leuten zu, sie möchten sich nach den Kleidungsstücken des Alten umschauen, sie könnten ja nicht weit liegen.

Einige Männer und Weiber gingen flussaufwärts, in der Richtung des schwelenden Feuers, das zuvor schon wahrgenommen worden, dann jedoch über den auf-

regenden Geschehnissen ein wenig in Hintergrund und Vergessenheit geraten war. Sie trafen hier mit von oben, von der Dammkrone Gekommenen zusammen.
Plötzlich hörten die um Père Mathurin Beschäftigten Stimmengewirr und Ausrufe. Jemand kam angelaufen und schwang ein weißes Papierblatt. Ein Knäuel fassungslos Aufgeregter wälzte sich hinterdrein. Frau Labrande, die ebenfalls am Feuer gewesen war, hatte einen Weinkrampf; sie warf sich ins Gras und schlug um sich.
Ein Unbeteiligter, der es leichter hatte, eine von Schadenfreude nicht ganz freie Ruhe zu bewahren, berichtete von verkohlten, gekrümmten Banknotenpäckchen; sie seien noch deutlich zu erkennen gewesen, aber als man sie mit einem Stock herausgefischt habe, seien sie zu Asche zerfallen.
Jemand las den Zettel vor. Er enthielt keine sehr genauen Angaben und ließ vieles nur erraten. Immerhin schien er die aus Blancourt gekommenen Gerüchte zu bestätigen und auf eine nichtswürdige Art zu ergänzen. Zum Schluss hieß es, niemand möge es sich einfallen lassen, etwa im Hause nach Andenken zu suchen, hier warne er einen jeden: Alles, was sich jetzt noch dort befinde, sei im Kaufvertrage inventarisiert und Eigentum des Herrn Nollet in Blancourt, und man kenne den wohl genug, um zu wissen, dass er nicht mit sich spaßen lasse. (In der Tat wurde später festgestellt und von Herrn Nollet ausdrücklich anerkannt, dass auch Père Mathurin selber von seinem Vernichtungswerk mit peinlichster Genauig-

keit alles ausgenommen hatte, was laut Kaufvertrag in den Besitz des Herrn Nollet übergegangen war.) Es wurde geheult und getobt, geschimpft und geschluchzt, aber auch – von den Nichtbetroffenen – gelacht. Verwandte stritten sich und maßen einander die Schuld zu. Fäuste wurden erhoben, und das Durcheinander der Stimmen erzeugte einen Lärm, der vielleicht beitrug, Père Mathurin ins Leben zurückzurufen. Man riss sich das Papier aus der Hand. Es wäre völlig zerfetzt worden, wenn der Gendarm es nicht schließlich mit einiger Mühe an sich gebracht hätte. Dieser Gendarm, ein Ortsfremder und noch nicht lange auf dem hiesigen Posten, kümmerte sich wenig um die geräuschvollen Auslassungen und Auseinandersetzungen. Inmitten aller Verwirrung sorgte er dafür, dass die Bemühungen um Père Mathurin nicht zum Erliegen kamen. Einen jungen Burschen forderte er auf, zum Hause des Alten zu laufen und Kleidung zu holen. Übrigens hatte einer der vom Feuer Zurückgekehrten den Uniformrock des Gendarmen, sein Lederzeug und seine Waffen mitgebracht und dies alles neben ihn ins Gras gelegt.
Der junge Bursche fand das Haus verschlossen. Um hineinzugelangen, musste er eine Fensterscheibe eindrücken. Eine Weile stand er wie erstarrt vor der angerichteten Verwüstung. Die Luft war rauchig und heiß zum Ersticken. Er entdeckte nichts, das ihm dienen konnte, nicht einmal ein Laken oder eine Bettdecke; an den Rückbleibseln ließ sich abnehmen, dass Kleidungsstücke und Wäsche verbrannt worden

waren. Endlich gab er die Suche auf und rannte mit klappernden Holzschuhen durch das Dorf zum Wasser, stolz auf die Neuigkeit. Unterwegs sprang er in ein Haus und borgte sich einen alten Mantel.

Inzwischen war Père Mathurin gänzlich zu Atem und Besinnung gekommen. Er saß aufgerichtet da, antwortete jedoch mit keinem Wort auf die zornigen Vorwürfe. Mit ausgebreiteten Armen suchte der Gendarm ihn vor den Andrängenden zu schützen.

Als der Bursche mit dem Mantel gelaufen kam und nun keuchend mit zwei oder drei Sätzen seine Schilderung gab, erhob sich Père Mathurin. Die Erbitterung der Leute flammte neu auf. Ein kräftiger Siebziger, mit einer Großnichte des Alten verheiratet und als Trinker bekannt, machte Miene, den Gendarmen beiseite zu schieben und sich auf Père Mathurin zu stürzen. Der Schaum spritzte ihm in kleinen Bläschen von den Lippen.

Aber nun war es, als spränge die Wut von ihm und von all jenen, mit denen er sich eins wusste, auf Père Mathurin über. Sein farbloses Gesicht lief rot an. Dieser Trunkenbold erschien ihm plötzlich als der Inbegriff der verhassten, habgierigen Wimmelbrut, all derer, die nicht damit zufrieden waren, dass sie Leben, Appetit, Schlaf, junge Jahre und gerade Gliedmaßen besaßen, nein, die es noch darauf anlegen mussten, ihm das Einzige zu nehmen, das er vor ihnen voraushatte!

Père Mathurin bückte sich mit einer blitzschnellen Bewegung, riss den Säbel aus der am Boden liegenden Scheide und schlug ihn dem andern ins Gesicht.

Der Mann heulte auf und taumelte blutüberströmt zurück.
Der junge Bursche stand verlegen daneben, immer noch den Mantel in Händen. Endlich schob er sich vor und hängte ihn Père Mathurin um die Schultern.
Einige Leute kümmerten sich um den Getroffenen.
»Vorwärts jetzt!«, sagte der Gendarm streng zu dem Alten.
Père Mathurin ließ sich ruhig abführen. Abführen? Wie ein Triumphator schritt er neben dem Gendarmen durch die Raum gebende Menge. Niemand wagte die Hand gegen ihn zu heben. Die Verwünschungen, die auf manchen Lippen lagen, verstummten, so als kenne auch das Geheimnis der Bosheit eine Stufe, da es einen Anspruch auf Ehrfurcht zu machen habe.
Père Mathurin lebte nach diesen Geschehnissen noch einige Monate im Gefängnis von Blancourt, erst als Untersuchungshäftling, dann, wegen schwerer Körperverletzung abgeurteilt, als Strafgefangener. Niemand hatte sich über ihn zu beklagen.
Eines Morgens fand man ihn tot auf seinem Lager. Sein Gesichtsausdruck war friedlich. Der Gefängnisarzt stellte eine bei so hohen Jahren fast selbstverständliche Entartung des Herzmuskels fest und bezeichnete die hierdurch hervorgerufene Schwäche als die unmittelbare Todesursache. Der Leichnam wurde dem anatomischen Institut der nächstgelegenen Universitätsstadt überwiesen. Er war das Einzige, das Père Mathurin hinterließ.

Die Charakterprobe

Was man Charakterologie oder, grob gesprochen, Menschenkunde nennt, ist erst in neuerer Zeit ans Licht getreten. Ohne viel Fachausdrücke betrieb man dergleichen früher nach Augenmaß und fuhr nicht schlechter dabei, vorausgesetzt, dass man jenen Beobachtungssinn hatte, dessen auch heute der ausgebildetste Analytiker nicht entraten kann.

Mein Großvater ist bis in seine hohen Jahre viel gereist. Einmal fuhr er durch Ungarn, eigentlich aus keinem anderen Grunde, als um das Land kennen zu lernen, in welchem sein verstorbener Bruder 1849 gefochten hatte.

Auf einer kleinen Station stieg ein Mann von reichlicher Körperfülle zu ihm ins Coupé, offenkundig jener Gattung ungarischer Gutsbesitzer zugehörig, die zwischen Magnatentum und Bauernstand eine sichere Mitte behauptet. Die beiden Reisenden kamen ins Gespräch, für das sich manche Anknüpfungspunkte boten, denn jener Feldzug lag damals noch nicht, wie er es heute tut, um mehr als ein Jahrhundert zurück. Der Ungar war gescheit genug, meinem Großvater nichts zur Last zu legen, auch nicht auf dem Umweg über meinen Großonkel, denn schließlich war dieser nicht auf Ludwig Kos-

suth, sondern auf Nikolai Pawlowitsch vereidigt und konnte nichts dafür, dass sein Regiment nach Ungarn geschickt worden war.
Damals waren Speisewagen noch selten, und man verpflegte sich auf den Stationen oder aus mitgenommenen Vorräten. Es war am späten Vormittag, und dem Ungarn schien die Frühstückszeit gekommen. Er packte allerhand aus, band sich eine Serviette altväterischen Umfangs wie ein Rasiertuch um den Hals, entkorkte eine Weinflasche und brachte unter mancherlei anderen Essbarkeiten eine noch unzerteilte kalte Gans zum Vorschein. Mein Großvater wurde eingeladen, an der Mahlzeit teilzunehmen. Allein da er bereits auf einer Station gefrühstückt hatte, lehnte er ab. Indessen schlug er ein Glas Wein nicht aus.
Der Ungar tranchierte seine Gans so kunstvoll, wie das Rütteln des Zuges es irgend zulassen wollte, und begann mit heiterer, gelassener Andacht zu essen. Mein Großvater sah ihm zu und lobte den Wein, einen herben und kräftigen Weißen, der, wie der Ungar erzählte, auf seinem eigenen Boden gewachsen war und von dem er beträchtliche Mengen nach verschiedenen Städten lieferte. Die Gläser wurden mehrfach gefüllt, während der Ungar gemächlich weiterfrühstückte. Mein Großvater sah mit Staunen, wie die Gans sich zusehends verkleinerte. Und dann kam der Augenblick, da sie vollkommen aufgezehrt war.
Nun warf der Frühstücker die säuberlich abgeernteten Knochen aus dem Fenster, reinigte sein Besteck

an der Serviette und tat alles Essgerät wieder an seinen Ort. Inzwischen war man der Station, an der mein Großvater umzusteigen hatte, schon recht nahe gekommen.

Im ganzen Osten Europas hat ungarischer Wein von jeher in einer hohen Schätzung gestanden. An diesem aber hatte mein Großvater ein besonderes Wohlgefallen gefunden; er stellte es sich angenehm vor, bei seiner Heimkehr ein Fässchen vorzufinden.

Der Zug fuhr ein. Mein Großvater sprach seinen Wunsch aus, gab dem Ungarn seine Visitenkarte, reichte ihm eine Hundertguldennote oder deren zwei und bat, das Fässchen so zu bemessen, wie es nach Abzug der Transportkosten diese Summe gestatten werde.

Der Zug hielt. Der Ungar versprach, baldigst das Nötige zu veranlassen. Aber hierbei sah er meinen Großvater nicht weniger erstaunt an, als dieser ihn während seines Frühstücks betrachtet hatte. Dann sagte er: »Jetzt, ich bitte höflichst, erklären Sie mir eins: Wie kommen Sie dazu, einem wildfremden Menschen, dessen Wohnort von dem Ihren mehr als zweihundert Meilen entfernt ist, einen solchen Betrag anzuvertrauen und ihm nicht einmal eine Quittung abzuverlangen? Sind Sie, ich bitte höflichst, in allen Dingen so vertrauensselig?«

Mein Großvater antwortete, schon im Aussteigen, mit einem Lächeln: »Ich bin in allen Dingen so vorsichtig. Ich schaue mir meine Leute an. Einem Manne, der auf einen Sitz eine Gans verzehrt, und das

zum Frühstück, würde ich blindlings auch die zehnfache Summe anvertrauen.«
Unnötig zu sagen, dass der Wein pünktlich eintraf. Mein Großvater legte bei seinen Freunden Ehre mit ihm ein. Später hat er sich noch manche Sendung kommen lassen. Als er starb, schon in unserem Jahrhundert, fand sich noch ein beträchtlicher Rest vor. Ich habe mich seiner mit Vergnügen angenommen.

Poplawkin

Die nordamerikanische Halbinsel Alaska, das steht in jedem Geschichtsbuch, hat bis zum Jahre 1867 zum russischen Kaiserreich gehört. Einzig dieser Umstand ermöglichte es dem Staatsbeamten Poplawkin die folgende Geschichte zu erleben.

Wassilij Borissowitsch Poplawkin diente in der Vermessungsabteilung. In jungen Jahren hatte er als ein Sonderling gegolten, und er selber hatte das Gefühl gehabt, sich nicht am rechten Ort oder nicht in der rechten Haut zu befinden. Er erschien sich linkisch und lächerlich und meinte, so müsse er auch allen anderen Menschen erscheinen, vornehmlich den Frauen.

Die Vorstellung, er passe nicht in die Welt, führte nun dazu, sich zum Dienst in den russischen Kolonien von Nordamerika zu melden; diese lagen nun wirklich nicht in der Welt. Es ist für den Heutigen schwer, sich einen Begriff von ihrer Abgeschiedenheit zu machen. Es gab noch keinen Weltverkehr, keine sibirische Bahn, keinen Suezkanal und kein Unterseekabel. Die Segler von Ochotsk oder Petropawlowsk pflegten im Frühsommer aufzubrechen, des Treibeises wegen auf den Alëuten zu überwintern und im nächsten Jahr bei Aufgang der Schifffahrt die Reise zum amerikanischen Festland fortzusetzen;

nur selten ging ein schnell segelndes Kriegsschiff oder ein bereits mit Dampfkraft betriebenes Paketboot im Hafen von Nowo-Archangelsk vor Anker. Häufiger waren englische und amerikanische Fahrzeuge, die des Pelzhandels und Fischfangs wegen die nördlichen Breiten aufsuchten.

Nowo-Archangelsk, dieser winzige Festungs-, Handels- und Hafenort, dem die Amerikaner später seinen alten Indianernamen Sitka wiedergegeben haben, war die Hauptstadt eines Gebiets, dessen Umfang dem vereinigten Umfang Spaniens, Frankreichs, Englands und Deutschlands gleichkam; freilich waren große Teile dieses Gebiets unbewohnbar, andere noch unerforscht, und die Bevölkerung des Riesenlandes war kleiner als die der Städte Wilna oder Basel. In Nowo-Archangelsk gab es ein hölzernes Gouvernementspalais inmitten der Zitadelle auf dem Felsen. Es gab Schnee, Behörden, Militär, es gab die Angestellten der Russisch-Amerikanischen Handelscompagnie, es gab Mischlinge und Indianer, die als Koljuschen oder Tlinkiten bezeichnet wurden, niedrige Holzhäuser, ein paar jämmerliche Kramläden, Fisch- und Pelzgeruch und einen Klub, in dem viel getrunken und hoch gespielt wurde. Weiße Frauen waren selten, also gab es auch nur wenige europäische Häuslichkeiten; die meisten Beamten waren Junggesellen und hielten sich indianische oder halbblütige Mätressen. Die Beamten wurden hoch bezahlt und schnell befördert. Ohne solchen Anreiz hätte das riesige Territorium von untauglichen Strafversetzten verwaltet werden müssen.

In dieser Stadt also verrichtete Poplawkin schlecht und recht seinen Dienst, ein gefügiger Untergebener, ein geduldiger Vorgesetzter, in dieser Stadt führte er sein Leben oder ließ doch sein Leben hinfließen. Die Jahre gingen, die seelischen Bedrückungen der Jugendzeit hatten sich abgemildert, er war geschätzt und geachtet; alles war ihm geläufig und vertraut, ja, geläufig und vertraut bis zum Ersticken.

Er hatte die ersten, ihm freilich frühzeitig gewachsenen grauen Haare, als er nach langem Schwanken die Entschlusskraft aufbrachte, um einen Heimaturlaub nachzusuchen. Seine Bitte wurde ohne weiteres gewährt, der Urlaub hätte ihm schon vor Jahren zugestanden. Mit reichlichen Geldmitteln versehen, reiste er ab, kräftigte sich in kaukasischen Heilbädern, besuchte in verschiedenen Städten fremd gewordene Verwandte, alt gewordene Bekannte, nötigte sich zur Teilnahme an allerhand Vergnügungen und fragte sich schwermütig, was ihn denn nun hindere, rundherum glücklich zu sein; so glücklich wie es der Polizeimeister von Nowo-Archangelsk gewesen war, der mit feucht werdenden Lippen und Augen seit sechs Jahren von seiner Urlaubsreise zu erzählen pflegte.

Die letzte Zeit vor der Rückkehr brachte Poplawkin in Petersburg zu. Am Vortage der Abreise ließ er sich, widerwillig genug, von entfernten Bekannten zum Besuch einer häuslichen Tanzfestlichkeit bereden. Hier lernte er Darja Trofimowna Schustowa kennen, ein Mädchen von rund zwanzig Jahren.

Poplawkin achtete nicht darauf, wem er sonst noch

vorgestellt wurde, welche Verbeugungen er zu machen, welche Hände er zu drücken und welche er zu küssen und mit wem er höfliche Plauderworte zu wechseln hatte. In seine Erinnerung ging nichts ein außer diesem Mädchen.

Die lange Rückreise legte er im Zustande einer Verzauberung zurück. Und so gewaltig war das dieser Verzauberung entströmende Glücksgefühl, dass er nicht imstande war, mit dem Schicksal zu hadern, weil es ihn erst am letzten Abend mit Darja Trofimowna zusammengeführt und weil es so die Süßigkeit der Begegnung an die Bitternis des Abschieds gebunden hatte. Vergebens suchte er in seinem Gedächtnis jedes einzelne Wort der Unterhaltung wiederzufinden. Er hatte von Alaska erzählt, sie hatte anmutig gelächelt und wohl auch geantwortet, und er hatte klopfenden Herzens und mit gewiss längst aus der Mode gekommenen Feinheiten eine Ecossaise mit ihr getanzt.

Die Welt dünkte ihn verwandelt, die Verwandlung umschloss ihn selber mit. Im schmutzigen, verräucherten Posthause einer kleinen Station fasste er seinen Entschluss. Der Familie, welcher er Darja Trofimownas Bekanntschaft verdankte, mochte er sich nicht anvertrauen. Also schrieb er an einen Bekannten und bat um eine Gefälligkeit: Der Bekannte möge beim Adressentisch – denn mit dieser westlichen Ohren fremdartig klingenden Benennung bezeichnet man in Russland die für solche Fälle zuständige Behörde – die Wohnung des Fräuleins Darja Trofi-

mowna Schustowa feststellen und sie ihm unverzüglich nach Nowo-Archangelsk mitteilen. Natürlich hätte er ebenso gut selbst an den Adressentisch schreiben können, aber die alte Zeit liebte es ja, sich des Umweges über Bekannte oder Freunde zu bedienen. »Es ist sicherer«, sagte man.
Wie alle Bekannten, so ließ auch dieser sich Zeit. Poplawkin war schon eine beträchtliche Weile wieder in Dienst, Schnee, Fisch- und Pelzgeruch, Poplawkin hatte schon zweimal seine Bitte wiederholt, als ihn endlich ein Briefchen des saumseligen Bekannten von der ersehnten Adresse in Kenntnis setzte.
Hin und her gerissen zwischen süßer Zuversicht und bitterster Verzweiflung hatte er sich diesen Augenblick vorgemalt; mehr als das, er hatte in wochenlangen beseligenden oder zur Hoffnungslosigkeit verdammenden Mühen, immer wieder entwerfend, streichend, umgestaltend, den Brief geschrieben, zu dessen Absendung er jener Adresse bedurfte.
Er rannte jetzt im Zimmer auf und ab, verneigte und bekreuzte sich vor dem Heiligenbild in der Ecke, schnupfte Tabak und beschäftigte sich mit dem Petersburger Briefchen auf die absonderlichste Weise. Dass er die Adresse abschrieb, ist noch nicht zum Verwundern. Aber er stellte sich an, als halte er mit diesem kleinen Papierblatt den Schlüssel der Glückspforte in der Hand. Er küsste es, schob es in die Tasche, zog es wieder hervor, küsste es abermals und verwahrte es endlich wie eine Kostbarkeit in seinem Schreibtisch. An seiner Stelle steckte er ein anderes

Papier zu sich. Dann strich er sich das Haar glatt und ließ sich von seinem eingeborenen Diener Mütze und Mantel geben. Er bekreuzte sich und trat auf die feuchte, schmutzige Straße hinaus. Er stieg zum Gouvernementspalais empor, kehrte um und machte den Weg von neuem. Das wiederholte er einige Male. Endlich meinte er Fassung genug gewonnen zu haben und ging hinein. Er fragte nach Pamfilij Feofanowitsch.

Pamfilij Feofanowitsch Aristarchow, Verwaltungsbeamter und mit Poplawkin im gleichen Range stehend, begrüßte ihn mit wortreicher Herzlichkeit, obwohl sie sich erst am vorigen Abend im Klub gesehen hatten. Aber wer Nowo-Archangelsk kennt, und sei es auch nur aus einer Schilderung von vierzig Worten, der wird sich vorstellen können, welche Freude ein dortiger Beamter haben muss, wenn ihn während der Dienstzeit jemand besucht, mit dem es sich plaudern lässt. Also befiehlt Pamfilij Feofanowitsch Tee und Tabakspfeifen, erzählt von seinem Hunde, fragt nach Neuigkeiten aus Europa und stimmt Poplawkin zu, als dieser mit einem freundlichen Kopfschütteln sein Erstaunen über die unruhige Neuerungssucht der Franzosen ausdrückt. Dann erinnern sie sich, dass sie ja gestern Abend im Klub alles gesagt haben, was über französische Staatsumwälzungen gesagt werden kann, lassen also den Gegenstand fallen und sprechen vom letzten Diner beim Gouverneur, der an bestimmten Feiertagen, die dem Dienst des Höchsten oder dem Allerhöchsten Herrscherhause gelten, die gesamte Beamtenschaft vom Kollegiensekretär aufwärts einzuladen pflegt.

Natürlich hat Pamfilij Feofanowitsch längst gemerkt, dass Wassilij Borissowitsch durch einen besonderen Anlass zu ihm geführt worden ist und nur nicht recht den Übergang findet, um auf die Ursache seines Besuchs zu kommen. Aber Pamfilij Feofanowitsch wäre ja ein Narr, wenn er ihm dabei behilflich sein wollte! Denn je eher Wassilij Borissowitsch dazu gelangt, sein Anliegen vorzubringen, desto eher ist er auch damit fertig, desto eher wird er sich verabschieden, und Pamfilij Feofanowitsch wird wieder allein der Trübsal seines Kanzleizimmers und seiner dienstlichen Papiere überantwortet sein.

Aber in dieser Welt der Vergänglichkeit lässt sich nichts festhalten, und so fühlt Pamfilij Feofanowitsch denn mit Betrübnis, dass all solche Künste nicht helfen werden. Tatsächlich kommt ein Augenblick, da ihm nichts mehr einfallen will, und diesen Augenblick benutzt Poplawkin, um mit dem Anschein der Gleichgültigkeit seiner Brieftasche ein Papier zu entnehmen. Doch anstatt es auf den Tisch zu legen oder es dem anderen zu übergeben, dreht er es eine Weile unschlüssig in den Händen, errötet und steckt es wieder fort, um seine Brillengläser zu putzen.

Pamfilij Feofanowitsch sieht ihm zu, angenehm von der eigenen Neugier unterhalten, und seine Spannung ist jetzt so groß, dass sie seinen Wunsch, das

Gespräch in die Länge zu ziehen, gänzlich überwunden hat. Aber nun beginnt Poplawkin hastig von den Aussichten des diesjährigen Lachsfanges zu reden, und es hat sich im Vergleich zu vorhin unter den beiden Gesprächspartnern ein völlig entgegengesetztes Verhältnis hergestellt; denn jetzt ist es Poplawkin, der hinauszögern und den eigentlichen Gegenstand nicht zur Sprache gelangen lassen möchte.

Aber dann schämt er sich seiner Zaghaftigkeit, verstummt mitten im Satze und schlägt sich wie ein Vergesslicher vor die Stirn.

»Ach, richtig!«, ruft er. »Gott stärke mein Gedächtnis, da habe ich ja doch so ein Papierchen ... eine ganze Kleinigkeit. Nur meine Unterschrift wäre zu beglaubigen, weiter hat es nichts auf sich. Nein, das wäre alles.«

Damit holt er das weggesteckte Papier wieder hervor und hält es Pamfilij Feofanowitsch hin.

Dieser reißt es an sich wie ein Raubvogel. Denn wenn eine Unterschrift beglaubigt werden soll, so bedeutet das ja, dass es sich nicht um eine langweilige Dienstsache handelt, sondern um eine persönliche Angelegenheit Poplawkins, sozusagen um etwas Belletristisches, kurz, etwas Interessantes. Und man wird es erfahren, diesen Augenblick noch, denn in der ganzen Welt, so weit Federn in Tinte getaucht werden, ist es ja so eingeführt, dass der Beglaubiger nicht nur auf die eigenhändige Vollziehung der zu beglaubigenden Unterschrift achten muss, nein, er hat sich auch darum zu kümmern, was in dem

Schriftstück steht, unter das dieser Namenszug gesetzt wird; denn er muss ja den vollzogenen Akt der Unterzeichnung sowie ihrer Beglaubigung ins Register eintragen.

»Ehewilligkeitserklärung«, liest Aristarchow halblaut und wiederholt wie ein Träumer: »Ehewilligkeitserklärung ... O heilige Dreifaltigkeit! Wassilij Borissowitsch, Sie wollen heiraten?«

Es muss hier mitgeteilt werden, was eine Ehewilligkeitserklärung ist, denn heutzutage gibt es solche Dokumente nicht mehr. Die Reise vom europäischen durch das asiatische ins amerikanische Russland oder die Seefahrt um Afrika und Asien herum hätten wohl nur wenige Personen mittleren Standes auf eigene Kosten unternehmen können. Da es der Regierung daran gelegen war, Eheschließungen ihrer Beamten in den Kolonien zu fördern, durfte jede russische Untertanin auf Kronskosten, wie man ehemals sagte, von ihrem Heimatort bis nach Alaska reisen, wenn diese Reise zum Zweck der Heirat mit einem dort Stationierten unternommen wurde; ja, sie hatte unterwegs Anspruch auf die gleichen, nach dem Range abgestuften Tagegelder, wie die Gattinnen der Offiziere und Beamten sie erhielten. Um Missbräuche zu verhüten, wurde von den zur Reise entschlossenen Damen die Beibringung einer auf Stempelpapier geschriebenen, behördlich beglaubigten Erklärung des heiratslustigen Mannes verlangt. Kam die Ehe innerhalb einer bestimmten Frist nicht zustande, so haftete der Aussteller dieser Erklärung der Krone

gegenüber für die Rückzahlung der Reisekosten; sie wurden ihm ratenweise vom Gehalt abgezogen.
Eine solche Ehewilligkeitserklärung unterzeichnete Poplawkin unter Pamfilij Feofanowitschs Augen. Die Erklärung hatte er schon vor vielen Monaten ausgestellt, und das Einzige, was noch gefehlt hatte, eine Petersburger Straßen- und Hausbezeichnung, vorhin in seiner Wohnung hinzugefügt. Jetzt brauchte es nur noch des Datums und der Unterschrift.
Er warf die Feder auf den Tisch, stand auf und drückte Pamfilij Feofanowitsch hastig die Hand. »Schönen Dank, ich lasse das Papier hernach durch meinen Diener holen.« Er war draußen, ehe Pamfilij Feofanowitsch seinen Glückwunsch und die zahllosen Fragen, die ihm den Gaumen verbrannten, hatte herausbringen können.
Noch am nämlichen Tage gab Poplawkin den längst geschriebenen Werbebrief, dem die Ehewilligkeitserklärung beigefügt war, zur Post, obwohl zur Zeit kein einziges zum Auslaufen bereites Schiff im Hafen lag.
»Es wird Sie erstaunen, hochgeachtete Darja Trofimowna, diesen Brief zu empfangen. Geschrieben ist er von einem Menschen, der nur ein einziges Mal das kostbare Glück hatte, mit Ihnen zusammenzutreffen, dem aber diese, wie leider zugegeben werden muss, flüchtige Begegnung gleichwohl einen unwandelbaren Eindruck hinterlassen hat« usw.
»Was nun den unanzweifelhaft vorliegenden Altersunterschied betrifft, so bekenne ich mich offenen

Mutes zu der Meinung, er könne durch wahre Liebe überbrückt werden. Diese ist, erlauben Sie mir, das in aller geziemenden Ehrerbietung, aber auch mit glühender Unumwundenheit auszusprechen, auf der Seite Ihres ergebenen Dieners in völligem Umfang vorhanden, und er bittet den Allmächtigen auf das inständigste, Er wolle es so fügen, dass auch auf Ihrer werten Seite ...« usw.

»Ich versichere Sie, dass ich des unauslöschlichen Willens bin, Sie, wie es in der neueren Literatur, deren ich freilich nur innerhalb der schicklichen Grenzen kundig bin, genannt zu werden pflegt, auf den Händen zu tragen« usw.

»Ich beeile mich, Ihnen über meine Persönlichkeit die notwendigen und, gebe es Gott, auch erwünschten Auskünfte nicht vorzuenthalten. Ich bin geboren ...« usw. »Meine Einnahmen betragen ...« usw. »Meine Körpermaße sind ...« usw. »(Ich führe Letzteres nicht etwa aus Ungebührlichkeit an, sondern aus einem Grunde, der weiter unten ersichtlich werden wird.)« usw.

»... nunmehr einiges von den allhier anzutreffenden Zuständen zu Ihrer geneigten Kenntnis zu bringen, damit Sie sich von dem in unseren hiesigen Gefilden zu führenden Leben eine Vorstellung bilden können. Ich beginne mit der Mitteilung, dass das Klima, so hohe Kältegrade es in den Wintermonaten auch zeitigt, zufolge seiner Trockenheit, Windgeschütztheit und Staubfreiheit ein ungewöhnlich gesundes ist. Katarrhalische Erkrankungen sind fast unbekannt, desgleichen der Rheumatismus. Wildbret und die vortrefflichsten Fische aller Arten sind im Überfluss und zu sehr niedrigen Preisen vorhanden. Die hier gedeihenden Früchte, Pilze und Gemüsesorten sind infolge der senkrechten Sonnenbestrahlung unvergleichlich wohlschmeckender als in den Ländern, welchen ein längerer Sommer vergönnt ist, dazu setzen sie den Ankömmling, gleichwie auch die Blumen es tun, durch ihren Umfang und Duft in Erstaunen. So erreichen die Erdbeeren die Größe von Hühnereiern. Die Landschaft verdient, ungemein malerisch genannt zu werden. Sollten Sie, hochgeschätzte Darja Trofimowna, die Natur vergöttern, so wartet Ihrer gar manches Entzücken. An erhabenen, von Gletschern majestätisch bekrönten Bergen, an üppigen Wäldern mit stolzen Zedern, Tannen, Erlen, Birken und Wildpappeln – alle diese Bäume von unsere heimische Vegetation weit überragender Höhe – an stillen, saftig grünenden Wiesen* und murmelnden Bächen ist kein Mangel, weswegen im Sommer zahlreiche heitere Picknicks mit besonderem Wohlgefallen vorgenommen zu werden pflegen. Nicht vergessen will ich die farbenprächtigen und im Winter sehr häufigen Nordlichter, mit denen die luxuriöseste Illumination, wie sie in Vereinigung mit den Wunderwerken der Feuerwerkskunst an vaterländischen

* An dieser Stelle hätte Poplawkin der Wahrheit zur Ehre hinzufügen sollen: »... wiewohl nicht gerade in der unmittelbaren Nähe unserer Stadt«, aber wer will diesem redlichen Herzen eine so bescheidene Unredlichkeit zur Last legen?

Freudentagen in unserer Newa-Residenz gebräuchlich ist, kaum zu wetteifern weiß.
Keineswegs also fehlt es gänzlich an Vergnügungen. Im Klub finden auch Damenabende statt; hin und wieder wird getanzt. Des Weiteren ist dortselbst eine Leihbibliothek eingerichtet, die an Belehrung und Unterhaltung nicht arm genannt zu werden verdient. Zu den beliebten Zerstreuungen gehört die hier ungemein ergiebige Jagd, der ich jedoch, wie ich bemerken muss, meiner ganzen Gemütsart nach keinen Geschmack abzugewinnen vermag. Ferner ist eine Bahn für Pferderennen angelegt worden, und vielleicht wird es Ihnen Freude machen, edle Renner dahinfliegen zu sehen, ja, möglicherweise auch einige Banknoten an die Wette zu setzen. Die Seebäder sind kräftig, besonders wenn das Meer schon geblüht hat. Des Weiteren gibt es sogar heiße, der Gesundheit sehr zuträgliche Schwefelquellen in der Nähe, an denen neben dem Hospital ein Gasthäuschen steht, wo in der guten Jahreszeit des Sonntags manchmal die Kapelle unseres Siebzehnten Sibirischen Schützenbataillons unter den Tannen konzertiert. Ich selbst schlage zu meiner Erholung die Zither und, wie meine nachsichtigen Freunde sagen, nicht ganz mit Ungeschick. Oft stimmt mein Kanarienvogel, der gewiss auch Ihr Herz zu gewinnen wissen wird, in meine Klänge ein.
Gelegentlich pflege ich mich auch als Freund des Schachspiels zu erweisen. Sollten Sie, meine Hochverehrte, diese Neigung teilen, so lassen Sie es mich

aussprechen, dass ich mir keine liebere Partnerin wüsste.

Unter den Kollegen sind liebenswürdige Leute. Manche, obzwar keineswegs alle, sind auch verheiratet; so würde es Ihnen an Unterhaltung nicht fehlen.

Sehr reichlich ist es mit der Bedienung bestellt. Ich selbst habe bisher allerdings nur einen einzigen eingeborenen Diener, der mir aber vollauf genügt, da ich meine Mahlzeiten als ein Junggeselle im Kasino einnehme. Selbstverständlich würde ich bei Ihrem Kommen Sie außer mit diesem Diener auch noch mit einer Köchin und einem Stubenmädchen erwarten. Die indianischen Leute sind willig und keineswegs ungeschickt. An ihre kleinen Eigenheiten gewöhnt man sich schnell. Zu diesen gehört unter anderem, und hier sehen Sie, dass ich Ihnen nichts verschweige, ein Geruch, der vielleicht im ersten Augenblick befremdlich erscheinen mag.

Alle diese Vorzüge können es indessen nicht hindern, dass mein Herz sich einsam fühlt, und so setze ich alle meine Hoffnungen auf Sie hinsichtlich eines Austausches der Seelen, denn gerade ein solcher dürfte wohl …« usw.

»Ich gebe Ihnen, aufs höchste verehrte Darja Trofimowna, auch die Versicherung, dass, falls Sie Schwierigkeiten fänden, sich an die hiesigen Verhältnisse zu gewöhnen, ich keine Sekunde zögern würde, um meine Versetzung in weniger entfernte Gouvernements des Reiches einzukommen. Hierbei würden meine Bezüge sich freilich verringern. Dies soll keine

Rolle spielen; ich führe es nur an, weil, wie ich mir schmeichle, von jetzt an alle vorkommenden Lebensentschlüsse von uns gemeinsam zu fassen sein werden« usw.
»Wenn ich mir noch die Freiheit gestatten darf, einen Rat auszusprechen, so wäre es dieser, Sie möchten an Pelzwerk nur mitnehmen, was Sie für die Reise benötigen, und durchaus von etwaigen Neuanschaffungen Abstand erheben. Pelzwerk ist hier bis zur Unwahrscheinlichkeit billig, und man ist gewohnt, in dieser Hinsicht einen Luxus zu treiben, den sich in der Heimat wohl die wenigsten leisten könnten. Hier dagegen sind die kostbarsten Pelztiere heimisch und kein selteneres Jagdwild als in unseren angestammten Breiten der Hase oder das Feldhuhn. Biber, Otter, Bär, Nordfuchs, Pelzrobbe oder Moschusratte – Sie werden nur zu winken brauchen« usw.
»Angesichts der ungemeinen Entfernung, die mich einstweilen noch von Ihnen, allerverehrteste Darja Trofimowna, trennt – sie beträgt, wie ich errechnet habe, in der Luftlinie das Doppelte der zwischen unserer kaiserlichen Newa-Metropole und dem im äußersten Süden des afrikanischen Erdteils gelegenen Kapstadt verhängten Distanz – und angesichts des hierdurch verursachten Mangels an Schnelligkeit in der Briefübermittlung erkühne ich mich, die folgende Bitte auszusprechen: Sollte Ihr Entschluss, hochgeschätzte Darja Trofimowna, in einem mir günstigen und von mir so sehnlich erhofften Sinne gefasst werden, so belieben Sie doch ungesäumt und gleich

nach postalischer Absendung Ihres Antwortbriefes mit den Vorbereitungen der Reise zu beginnen, damit in unserer Vereinigung kein vermeidbarer Zeitverlust entstehe. Aus diesem Grunde erlaube ich mir, Sie schon jetzt um einige Gefälligkeiten zu bitten, was freilich ungewöhnlich erscheinen mag, aber ich weiß ja nicht, ob ein nach Empfang Ihrer hochwerten Antwort meinerseits zu verfassender Brief Sie noch in Petersburg erreichen würde. Was nämlich an Waren von den nordkalifornischen Häfen zu uns kommt, das ist teuer und von unbefriedigenden Eigenschaften, auch für russische Menschen häufig nicht angemessen. Wenn Sie mir also gütigst einige heimische Erzeugnisse mitbringen wollten, so würden Sie mich zu höchster Dankbarkeit stimmen. Zunächst bedürfte ich neuer Noten für mein Zitherspiel, die Sie gewiss auszuwählen wissen werden. Ich persönlich liebe das Gefühlvolle, das Tröstliche, bei dem sich die Seele in Träumereien zu ergehen vermag, doch wäre auch ein munteres Tanzliedchen nicht zu verschmähen. Nein, bitte handeln Sie nicht nach meinem Geschmack, handeln Sie nach dem Ihren, denn Sie, meine Hochverehrte, Sie werden es ja sein, der Ihr ergebenster Diener seine bescheidenen Künste vorzuüben gedenkt. Ferner höre ich von einer gewissen neu erfundenen englischen Maschine zum Schaben von Fleisch mit Hilfe von Umdrehungen eines Hebels. Eine solche wäre höchst erwünscht, denn bei allen ihren sonstigen angenehmen Eigenschaften sind die indianischen Dienstboten, gerade was das Zerkleinern von Fleisch angeht, von keiner ausnehmenden Geschicklichkeit und nur zu sehr an umfangreiche Brocken gewöhnt. Drittens wäre ich dankbar für einen Vorrat von Kanarienvogelfutter erster Sorte, und hier wird jede zoologische Handlung Sie gegebenenfalls zu beraten wissen. Ich bedarf sodann eines Schlafrocks nach dem neuesten Geschmack, nämlich dem französisch-arabischen, Farbe und Verzierungen nach Ihrem Ermessen, denn ich werde ja in diesem Schlafrock Ihnen zu gefallen trachten und niemandem sonst. Tief bekümmern würde es mich, wenn Sie in der nun folgenden Bitte etwa eine unziemliche Vertraulichkeit erblicken wollten. Es ist der Umstand, dass ich dringend eines Dutzends warmer Unterhosen in der Mittelqualität bedürftig bin, wie sie in besonderer Güte und Preiswürdigkeit das Tupikowsche Magazin am Heumarkt vorrätig zu halten weiß. Ich hatte zwar bei meinem letzthinnigen Besuch in der Heimat durch reichliche Anschaffungen vorgesorgt, aber mein Diener behauptet ärgerlicherweise, der größere Teil des Vorrats sei gestohlen worden, einfach von der Wäscheleine weg! (Die Maße habe ich oben angegeben) – *pardon pour les détails*« usw.

»Sollte aber ein unerbittliches Fatum es verhängt haben, dass Ihr Herz nicht mehr frei ist und vielleicht ein anderes Glück, ja, ein glänzenderes Los Ihnen zulächelt, ein Los, wie, ich bekenne es neidlos, Ihre Vorzüge und Eigenschaften es verdienen, so haben Sie die Herzensgüte, mich dennoch nicht zu verach-

ten und mir zu vergeben, dass ich meine Augen zu Ihnen erhoben habe. Schreiben Sie, ich beschwöre Sie, mir unter allen Umständen so bald wie möglich, auch wenn Sie von der beifolgenden Ehewilligkeitserklärung, um deren sorgfältige Verbrennung oder Rücksendung ich alsdann bitten würde, keinen Gebrauch zu machen wünschen, und seien Sie gewiss, dass ich auch in diesem betrübten Falle immer in herzlicher Verehrung und Ergebenheit Ihrer gedenken und Gott um Ihr stetiges Wohlergehen anflehen werde.
Nachschrift: Von den oben verlautbarten Bitten hinsichtlich der Musikalien, der Fleischmaschine, des Vogelfutters, des Schlafrocks und jenes warm haltenden Wäscheteiles würde ich in dem letztgenannten Falle ersuchen, sich für entbunden zu halten.«
Es versteht sich, dass, wer einen Brief solcher Art geschrieben hat, mit Ungeduld auf die Antwort wartet. Aber was hilft hier Ungeduld? Wir wissen ja, dass die Entfernung in der Luftlinie das Doppelte und so weiter ... und wir wissen desgleichen, dass von allen uns geläufigen Methoden der Überlistung von Distanzen damals keine bekannt war, ausgenommen die noch zaghafte Benutzung der Dampfkraft; und selbst die Dampfschiffe hatten von Sibirien oder Kamtschatka aus das Treibeis zu fürchten, von Kronstadt aus aber ganz Afrika und halb Asien zu umfahren. Der Zustand der langwierigen Erwartung also war den weißen Leuten von Nowo-Archangelsk vertraut; vertraut so weit, dass man schon von einer Ver-

änderung ihres Zeitgefühls sprechen dürfte, welche auch die natürlicherweise in allem menschlichen Geblüt heimische Ungeduld nicht unangetastet gelassen hatte. Und dazu wusste Poplawkin sich diesen Erwartungszustand mit angenehmen Hoffnungen und Träumereien zu versüßen. Insbesondere waren es zwei Vorstellungen, die ihn sehr inständig beschäftigten. Mit der einen war er auf dem Gymnasium bekannt geworden, und zwar musste es in der griechischen Stunde gewesen sein. Irgendein Philosoph hatte die These aufgestellt, jede menschliche Seele sei eigentlich nur die Hälfte einer Seele, und darum müsse der Mensch nach der anderen Hälfte suchen, um seinen Frieden zu finden. Die zweite Vorstellung aber war die, wie alle Menschen in Nowo-Archangelsk diese andere Hälfte seiner Seele erkennen, wie sie seine schöne, junge Frau bewundern, verehren und von Herzen gern haben würden; und er war doch von jenen, die es dringlich nach der Zustimmung der ihn umgebenden Welt verlangt.
Weiterhin versteht es sich, dass Poplawkin auch überaus verzweifelt war. Denn wie sollte es zugehen, dass diese andere Seele gerade in ihm die ihr fehlende Hälfte wahrzunehmen vermöchte, also in einem nicht mehr ganz jungen, einem unbeholfenen, schwerfälligen, durch nichts ausgezeichneten Menschen? Dann schauderte es ihn, und er wollte sich selber als ein Betrüger erscheinen.
Es versteht sich drittens, dass Poplawkin nicht gewagt hatte, Pamfilij Feofanowitsch um Verschwie-

genheit zu bitten. Er wusste wohl, dass in Nowo-Archangelsk niemand fähig gewesen wäre, eine solche Bitte zu erfüllen, selbst wenn er es eidlich zugesichert hätte. Was aber Poplawkin dem beglaubigenden Pamfilij Feofanowitsch verschwiegen hatte, das war dieses, dass er die Ehewilligkeitserklärung nicht etwa seiner Verlobten zugeschickt hatte, sondern einem wildfremden Fräulein, das er ein einziges Mal in seinem Leben gesehen hatte und dessen Einverständnis in einem Traumhimmel hing. Wie, wenn es auf Erden ausblieb? Bei diesem Gedanken begannen seine Knie zu zittern; um seinen Kopf, in seinen Ohren brauste es wie ein schwarzer Orkan. Nein, gar nicht einfallen durfte er sich so etwas lassen! Sein Leben wäre zugrunde geschlagen, und überdies: Wie stünde er vor den Menschen da? In die feuchte Erde müsste er versinken.

Viertens aber versteht es sich, dass Poplawkin von allen Seiten, auf der Straße, im Kasino, im Dienst, auf seine Ehewilligkeit angesprochen wurde.

»Wassilij Borissowitsch, meinen ergebensten Glückwunsch! – Man hört, Sie wollen heiraten? Welch eine Neuigkeit, Wassilij Borissowitsch! – Sie sind verlobt, Wassilij Borissowitsch? Und niemandem haben Sie ein Sterbenswörtchen gesagt? Und das wäre doch so hübsch gewesen! Ich selbst, erwägen Sie, ich selbst hätte die Gesundheit Ihrer Braut ausgebracht. – Ein Heimlicher sind Sie, Wassilij Borissowitsch. Haben wir das um Sie verdient?«

Der Polizeimeister aber nickte und sagte: »Sie wollen

heiraten, Wassilij Borissowitsch? Das ist ausgezeichnet, da werden wir uns eben einer Frau zu erfreuen haben.« Und es war genau der gleiche Ton gewesen, in welchem er seinerzeit zu Pamfilij Feofanowitsch gesagt hatte: »Sie wollen sich ein Fass Portwein kommen lassen? Das ist ausgezeichnet, da werden wir also trinken.«

Poplawkin versuchte auszuweichen, wenn er gebeten wurde, von seiner Braut zu erzählen – aber weiche einer den Leuten von Nowo-Archangelsk aus, denen man täglich, nein, halbstündlich begegnet! Er erzählte also mitunter, recht in Feuer geratend, wie er Darja Trofimowna auf dem Ball kennen gelernt hatte. Aber er versuchte umsonst, sie zu schildern; er konnte nur immer wieder versichern, dass sie das schönste Mädchen von Petersburg war!

Da es nicht passend gewesen wäre, ein junges Mädchen in einem Hotel unterzubringen und da es in Nowo-Archangelsk überdies kein eigentliches Hotel gab, so bestürmten alle Verheirateten unsern Poplawkin mit der Bitte, er möge sich für seine Braut von ihrer Ankunft bis zur Hochzeit die Gastfreundschaft gerade ihres Hauses und keines anderen gefallen lassen. Jeder wünschte so sehr, allen Mitbewerbern den Rang abzugewinnen! Einer dieser verzückt Einladenden suchte das Gewicht seiner Gründe zu verstärken, indem er hinzufügte: »Solange Ihre Braut bei uns im Hause ist, werde ich täglich meinen zweiten Schreiber kommen lassen, und er wird den Gouverneur imitieren – er hat da eine bemerkenswerte

Begabung! Das ist eine große pièce wie im Petersburger Michael-Theater oder im Zirkus Ciniselli an der Fontanka – – nein, nein, Wassilij Borissowitsch, so etwas bekommt Ihre Braut in ganz Petersburg nicht zu sehen und zu hören, so etwas nicht!«

Schließlich wusste Poplawkin nicht mehr, welchen und wie vielen unter seinen verheirateten Kollegen er zugesagt hatte, und so entschied er sich für Pamfilij Feofanowitsch Aristarchow, denn der war nun einmal der Erste gewesen, der von der Sache erfahren hatte. Den übrigen versprach er, mit seiner Braut bei ihnen Tee zu trinken, Whist zu spielen, häusliche Musik anzuhören, zu Mittag oder zu Abend zu speisen und ihre Sammlungen von indianischen Schnitzereien oder Geweben zu betrachten. Aber das waren ja Vergnüglichkeiten, für die auch nach der Hochzeit noch Raum genug sein würde.

Nun, die Zeit verging, es kam ein Brief aus Petersburg, und man braucht sich um ihn nicht so zu kümmern wie um den des Wassilij Borissowitsch, denn über die Vergnügungen, Lebensmittelpreise, Erdbeer- und Dienstbotenbeschaffenheiten von Petersburg ist die Welt ja unterrichtet, und auch ihr Klima hat diese Stadt noch vor niemandem verstecken können. Der Brief war in einer feinen, zierlichen Frauenschrift abgefasst, und es hieß in ihm: »Wie ich Ihre guten, herzlichen Augen gesehen habe, hochgeehrter Herr und Bräutigam, da habe ich gleich gewusst, dass Sie ein guter und ehrenhafter Mensch sind. Und es hat mir auch gefallen, was Sie

vom Unterschied der Jahre schreiben, nämlich dass er durch wahre Liebe überbrückt werden könne. Dies ist auch meine Meinung, und ich will Ihnen nur gestehen (und brieflich geht das wohl am leichtesten), dass ich mich zu Ihnen hingezogen gefühlt habe vom ersten Augenblick an.« Dann hieß es, sie werde alle Aufträge getreulich ausführen, wie sie denn den Vorsatz habe, Wassilij Borissowitsch als ihren von Gott gegebenen Ehemann zu ehren und zu lieben. Noch wisse sie nicht, ob sie mit Pferden bis zu einem der sibirischen Häfen reisen oder in Kronstadt den neuen viel besprochenen Schnelldampfer besteigen solle. Sie werde sich umhören und sich mit erfahrenen Leuten beraten, und auch bei der Admiralität werde sie sich erkundigen, sie habe einen Vetter, der dort in der Rechnungsabteilung tätig sei. »Und dann sende ich Ihnen noch einen zweiten Brief mit Angabe des von mir gewählten Reiseweges und Schiffes, und das wird dann wohl mein letzter Brief sein, nicht aus Unlust am Schreiben, hochgeehrter Herr und Bräutigam, denn wem schriebe ich lieber als Ihnen, aber es drängt mich, die Fahrt anzutreten, und vielleicht werde ich aus diesem Grunde überhaupt nicht mehr schreiben, weil die Postgelegenheiten nach dem Alaska-Lande selten sind und es sein könnte, dass ein solcher Brief erst mit demselben Schiffe, dem auch ich mich anvertraue, nach dem lieben Nowo-Archangelsk gelangte.«
In jedem Falle gedenke sie sich zu beeilen, doch sei

noch allerhand an Vorbereitungen zu treffen; sie wolle ihre Möbel verkaufen und einen verlässlichen Mieter für ihr Häuschen suchen.
Alles, was sie schrieb, schien von herzlicher Wohlmeinenheit und zugleich von einem fürsorgenden, weiblich-praktischen Verstande eingegeben, und in der Nachschrift hieß es: »Schon morgen denke ich mit der Erlernung des Schachspiels zu beginnen.«
Es bleibt die Frage, woher Poplawkin bei diesen unübersichtlichen Post- und Reiseverhältnissen die Ankunftszeit eines Schiffes und gar noch des ihm unbekannten Schiffes, das seine Braut heranführte, vorherwissen konnte. Wenn ein Schiff sich der Küste nähert oder meinetwegen bei der Insel angekommen ist, dann gibt es als Signal drei Kanonenschüsse ab. Daraufhin verlässt sofort das Lotsenboot den Hafen und rudert oder segelt ihm entgegen. Der Lotse klettert das Fallreep hinan, trinkt erst in der Kajüte des Kapitäns ein paar Schnäpse und erfragt ein paar Neuigkeiten aus der Welt der weißen Völker. Hernach steuert er das Schiff durch das Gewirr der Schären in den Hafen von Nowo-Archangelsk. Und wer sich mit ihm rechtzeitig ins Einvernehmen gesetzt und dies Einvernehmen freigebig bekräftigt hat wie Poplawkin, nun, den nimmt er eben in sein Boot und bringt ihn an Bord oder an die Insel.
Jenen zweiten Brief aus Petersburg hat Poplawkin nicht erhalten. Hieraus schloss er, dass Darja Trofimowna nicht lange nach der Absendung des ersten ihre Reise angetreten hatte. Und so, unablässig mit

Berechnungen und Mutmaßungen beschäftigt, fand er den Zeitpunkt heraus, von dem an, wenn das Glück gut war, die Kanonenschüsse nicht nur den Hafenbehörden, sondern auch ihm gelten konnten. Dass er diesen Zeitpunkt vielleicht etwas zu früh ansetzte, müssen wir ihm zugute halten.

Von nun an wartet er auf nichts als auf Kanonenschüsse! Er lebt von Kanonenschüssen. Fällt eine Tür donnernd zu, knallt eine Kutscherpeitsche, so zuckt er freudig zusammen. Immer ist er als Erster am Hafen, kaum dass es geknallt hat. Der Lotse, die Ruderer, meist sind es Eingeborene, und alle anderen Leute in Nowo-Archangelsk lächeln, die einen gutmütig, die anderen mitleidig, die dritten spöttisch. Er fragt nicht nach Wetter und Wind, keine Lotsenfahrt lässt er aus, und vermutlich neigt er doch zur Seekrankheit! Es ist gut, dass so selten ein Schiff nach Nowo-Archangelsk kommt, so wirft ihm niemand etwa vor, er vernachlässige über solchen Lustfahrten seinen Dienst.

Und dann ist einmal der Augenblick gekommen, und die Kanonenschüsse hatten doch nicht anders geklungen als sonst. Es war schon dämmerig, es war windig und kalt, und mit hoch gestelltem Pelzkragen lief Poplawkin umher, aufgeregt spähend, und schließlich, schon mit sinkender Hoffnung, ging er zum Kapitän und bat sich die Passagierliste aus. Und jetzt liest er: »Fräulein Darja Trofimowna Schustowa, St. Petersburg, Zielstation Nowo-Archangelsk, Grund der Reise vergl. Ehewilligkeitserklärung Nr. 893, ausgestellt 14. September 18 ...« und so weiter und so weiter, aber weiter kann Wassilij Borissowitsch nicht lesen, Tränen verschleiern ihm den Blick.

»Gott! Gott!«, ruft er und streckt beide Arme in die Höhe.

Der Kapitän räuspert sich. Dann fragt er verlegen: »Suchen Sie ... suchen Sie eine bestimmte Persönlichkeit?«

»Ich suche Fräulein Schustowa«, antwortet Poplawkin. »Meine Braut nämlich.«

»Oh, Ihre Braut! Ich habe Fräulein Schustowa eben erst vor der Kajütentreppe gesehen. Eine sehr liebe Dame! Meinen ergebensten Glückwunsch.«

Aber Poplawkin hörte nichts mehr, Poplawkin sprang über die enge Treppe, er lief hierhin und dorthin und fand Darja Trofimowna nicht, hier nicht und dort nicht. Er rannte wieder auf dem Verdeck umher wie ein Betrunkener, vielleicht hatte er sich verlesen, hatte geträumt, den Kapitän missverstanden ...

»Suchen Sie jemanden?«, fragte eine Frauenstimme.

»In der Tat, ja, ich suche ... Haben Sie vielleicht Fräulein Schustowa gesehen?«

»Das bin ich. Und Sie, Sie sind doch gewiss Wassilij Borissowitsch ... Erst an Ihrer Stimme habe ich Sie erkannt, Ihr Gesicht steckt ja ganz im Pelzkragen.« Sie streckte ihm die Hand entgegen.

Poplawkin starrte sie an. Er war nicht imstande, eine Einzelheit wahrzunehmen. Er wusste nur das Eine, dass er dieses ältliche, zur Korpulenz neigende Ge-

schöpf nie gesehen hatte. Und doch war ihm zugleich, als müsse er es einmal gesehen haben.
»Sie scherzen«, antwortete er mit einem Zittern in der Stimme und mit verschlagenem Atem. »Sie scherzen, hochgeehrte gnädige Frau. Ich bitte Sie flehentlich …«
Bei diesen Umständen handelt es sich um das Natürlichste von der Welt. Die junge Darja Trofimowna Schustowa, in die Poplawkin sich verliebt hatte, war nach der Sitte der früheren Zeiten nicht unbegleitet zu jenem Tanzvergnügen gekommen, sondern ihre Patentante, die ebenfalls Fräulein Darja Trofimowna Schustowa hieß und bei der das elternlose Mädchen seit frühester Kinderzeit lebte, hatte sich als Chaperon unter den vielen Menschen befunden, denen Wassilij Borissowitsch vorgestellt wurde, ohne sie recht gewahr zu werden, denn er konnte ja seinen Augen und seinem Herzen kaum für ein paar Sekunden eine andere Richtung geben als die auf das herrlichste aller Mädchen.
Später, als nach der langwierigen Feststellung der Adresse der erste Brief unseres Poplawkin gekommen war, da hieß das junge Mädchen nicht mehr Darja Trofimowna Schustowa, sondern Darja Trofimowna Difirambowa, denn inzwischen hatte ja die Hochzeit mit dem Holzhändler und Brauereibesitzer Difirambow aus Orel stattgefunden, dessen heimliche Verlobte das Mädchen schon vor jenem Tanzabend gewesen war. Es ist auch nichts Erstaunliches dabei, dass der Brief von der Tante entgegengenom-

men und geöffnet worden ist, denn sie war dazumal die einzige unter dieser Adresse Wohnhafte ihres Namens, und so lässt sich auch gegen den Petersburger Adressentisch nicht der bescheidenste Vorwurf erheben.
Freilich, sie hatte es sich ja nicht klar gemacht, dass der Briefschreiber von all diesen Zusammenhängen keine Kenntnis haben konnte – aber hätte sie es sich nicht klar machen müssen? –, und als sie in dem Briefe las, nach Poplawkins Meinung könne die wahre Liebe auch einen Altersunterschied überbrücken, da hatte sie ihn in allen Treuen und Ehren missverstanden und geglaubt, sie werde geliebt, und da habe es nichts zu besagen, dass sie ein Dutzend von Jahren vor dem Freier vorausthatte, und wie hätte sie denn in ihrer Seligkeit etwas anderes denken sollen? Poplawkins Werbung war doch ihr großes Wunder, und wenn Gott ihr bisher das gemeinsame Leben mit einem Manne versagt hatte, so war das nur geschehen, damit sie der immerwährenden Freude aufgespart bliebe, die bei Wassilij Borissowitsch auf sie wartete.
Niemand von uns weiß, warum ein bestimmter Gedanke einem erst zu einer bestimmten Stunde kommt und nicht früher. Wahrscheinlich braucht er einen bestimmten Reifegrad, um sich in unserem Innern zu formen, und eine bestimmte Stärke, um die Abwehrmauern zu durchbrechen, die unsere ihm entgegenstehenden Wünsche, Hoffnungen, Besorgnisse und Leidenschaften aufgerichtet haben. Der furchtbare Gedanke überflutete Darja Trofimowna bei der Rast

auf einer winzigen Poststation, schon mitten in Sibirien. (Es kann aber auch in Kapstadt gewesen sein, wo das Schiff drei Tage lang vor Anker lag und sich mit Trinkwasser und frischen Nahrungsmitteln versah.) Sie wollte ihn verjagen, aber er war inzwischen der stärkere geworden. Sie erkannte, dass nicht sie gemeint war, sondern ihre Nichte, und zugleich erkannte sie noch etwas anderes. Sie erkannte, dass sie die Wahrheit von jeher gewusst, aber ihr nicht erlaubt hatte, sich in ihr zu entfalten. Auf dem Grunde ihrer Glückseligkeit hatte etwas gelegen wie eine schwarze Ahnung, ein winziger, finsterer Vogel, der von innen gegen die Eierschale pickte, um auszuschlüpfen; aber sie hatte ihr Ohr vor den leisen Picklauten verschlossen. Jetzt war er ausgeschlüpft, er wuchs wie ein Märchenungetüm vor ihren Augen, bald würden seine Flügel ihr den letzten Streifen Sonnenlicht verdecken.

Es versteht sich, dass Darja Trofimowna sich gegen ihre Erkenntnis sträubte. Sie hatte noch nie einen Mann lieb gewonnen, sie hatte sich damit abgefunden, dass ihr Leben im Schatten hingehen sollte, und dann hatte es sich über sie gestürzt wie ein helles Feuer, kaum dass sie Poplawkins gute, herzliche Augen gesehen hatte, und mit der bescheidenen, aber sicheren Hellsicht ihres Herzens hatte sie sofort begriffen, wie verlassen dieser liebe, zaghafte Mensch dahinlebte, in der Trostlosigkeit eines winzigen, am Rande der Welt erbauten, der Wildnis vorgelagerten Städtchens; verlassen und einsam war er auch inmitten all der Leute, die ihn umgaben, dieser Kollegen, Halbindianer und Wilden.

So ging es hin und her zwischen Ja und Nein, die ganze weitere, unendliche Reise lang. Und was hätte sie denn tun sollen? Ihm schreiben? Aber der Brief hätte ihn ja nicht eher erreichen können als sie selber! Umkehren? Als Verschmähte nach Petersburg zurückkommen, nachdem sie dort ihre Möbel verkauft, ihre Wohnung vermietet, von allen Verwandten und Bekannten Abschied genommen hatte, Abschied für Jahre und unter Tränen des Glücks? Lächerlich gemacht, entehrt ... Ach, all das war noch das Geringste – aber nun war ihr gesagt worden: Für dich wächst kein Glück, was hast du dir denn eingebildet, du Schattenpflanze? Marsch zurück in den Schatten! Und wenn sie jetzt in den Schatten zurückkehrte und später stellte es sich heraus, dass er doch sie gemeint hatte und nicht die jetzige Frau Difirambowa, dann war nichts mehr gutzumachen. Hier hatte sie den auf ihren Namen lautenden Schein, in einem staatlichen Kassenraum hatte sie die Reisegelder ausgezahlt bekommen, wie konnte sie diese Summen je zurückgeben bei dem bescheidenen Vermögen, von dem sie zu leben hatte? Und wie die Kosten der Rückreise aufbringen?

Konnte nicht Gott ein Wunder tun? Nicht ein Wunder schon getan haben? Konnte es nicht sein, dass Wassilij Borissowitsch eben die Schattenpflanze lieb gewonnen hatte, ein wenig nur, wie man einen Hund lieb gewinnen kann oder einen Kanarienvogel? War

das ein Verbrechen, dass sie gemeint hatte, sie dürfe dieser Hund sein, dieser Kanarienvogel?
Nein, sie musste ihre Reise fortsetzen, sie musste in Nowo-Archangelsk ihre Schuld bekennen, und dann sollte geschehen, was Gott verhängt hatte. Vielleicht würde Wassilij Borissowitsch das Geld zur Rückreise für sie auftreiben – den ganzen Rest ihres Lebens wollte sie arbeiten wie eine Magd, um alles zurückzuzahlen, Hinfahrt und Heimfahrt, bis auf das letzte Kopekchen.
Und vielleicht war es nicht zu teuer bezahlt, dass sie einmal, einmal sich erlaubt hatte, einen Traum zu träumen wie andere Frauen.
Werfen wir jetzt endlich den schon so lange fälligen Blick auf unseren Vermessungsbeamten, der noch gar keine Vorstellung von der Nautik seines künftigen Lebens haben kann. Schließlich haben wir ihm diesen Blick doch gewissermaßen versprochen.
Der Blick zeigte uns einen verstörten, einen gänzlich zu Boden geworfenen Menschen, und das hatten wir ja auch nicht anders erwarten dürfen.
Immer noch saßen die beiden in einer Ecke der großen Passagierskajüte beieinander, während das Schiff, vom Lotsen gesteuert, langsam dem Hafen zufuhr, und begonnen hatte ihr Gespräch damit, dass Darja Trofimowna sich ein Herz fasste, plötzlich ein Herz, ein eiskaltes, finsteres Herz, von dem aus eine Starre sich durch alle ihre Adern verbreitete, und dass sie sagte: »Wassilij Borissowitsch, geben Sie mir eine Antwort. Bin ich es, die Sie erwartet haben oder …«

Sie verstummte und schlug die Augen zu Boden, obwohl die Dämmerung schon so weit fortgeschritten war, dass er kaum noch ihren Gesichtsausdruck hätte erkennen können. Das Licht der kleinen Petroleumlampe, die blakend und stinkend an der Decke hing, reichte nicht bis zu ihnen.

Ohne sie anzusehen, antwortete er: »Ich habe Darja Trofimowna Schustowa erwartet, mit der ich an jenem Abend in Petersburg die Ecossaise getanzt und die ich gebeten habe, meine Frau zu werden.«

»Ich dachte es mir. Und nun hören Sie mich an, Sie sollen alles erfahren.«

Sie redeten leise miteinander, denn sie waren in der Kajüte nicht allein. So zurückhaltend Darja Trofimowna auch über ihre Empfindungen sprach, es konnte ihm nichts verborgen bleiben, denn er hatte ja ihren Brief gelesen, und er musste sich jetzt gewaltsam in die Erinnerung rufen, dass es ihr Brief gewesen war und nicht ein Brief seiner Tänzerin. Sie verhehlte ihm auch nicht die Ahnung, die unterwegs über sie gekommen war, und zuletzt hätte sie sich vor ihm auf die Knie werfen mögen; aber das war doch in der Kajüte nicht angängig, und ihr Schuldbekenntnis war ja auch ohne einen Kniefall unumwunden genug.

»O mein Gott! Darja Trofimowna, lassen Sie mich ein wenig zur Fassung kommen«, stammelte er.

Darja Trofimowna fuhr fort: »Ich kann Sie nicht länger leiden sehen, Wassilij Borissowitsch. Ich habe nicht die Macht, Ihnen zu dem Mädchen zu verhelfen, das Sie lieben. Aber was ich kann, um Sie von allem anderen Jammer zu befreien, das werde ich tun. Helfen Sie mir nur, dass ich wieder nach Petersburg komme. Vielleicht finde ich ja auch hier irgendeine Arbeit, damit ich Ihnen nicht zur Last fallen muss, und ein wenig Geld habe ich ja einstweilen noch, nur für die Heimfahrt wird es nicht ausreichen, und schon gar nicht zur Rückzahlung der Reisekosten. Und wenn ich hier zum Gespött der Leute herumlaufen soll, so lange bis ein Schiff abgeht – und der Kapitän hat mir gesagt, das könnte Monate dauern, je nachdem, wie groß die Ausbeute an Pelztieren und an Fischen gewesen ist und noch aus allen möglichen anderen Gründen –, dann wird das meine verdiente Strafe sein.«

»Sprechen Sie nicht vom Gelde, Darja Trofimowna«, antwortete er matt, »da wird sich schon Rat finden.« Er hörte sie schluchzen, und er zog das Taschentuch hervor, das er seiner Braut zu Ehren mit Sorgfalt parfümiert hatte, und wischte ihr im Dunkeln die Tränen ab.

Er hatte Mitleid mit ihr, gewiss, ein aufrichtiges Mitleid, aber konnte er denn vergessen, was für ein Elend über ihn selbst gekommen war?

Dass die Geliebte eine Frau Difirambowa in Orel und ihm unerreichbar geworden war, das war ein Unglück, das ihm sein Leben in Stücke geschlagen hatte, und er wusste nicht, wie er es bestehen sollte. Aber es war zugleich etwas, das den Grund zu einer klaren, ehrlichen, unbeschmutzten, ja, beinahe noblen Verzweiflung geben konnte, einer Verzweiflung, wie sie in den Büchern vorkam, in den Gedichten und Liedertexten oder auf der Bühne. Nun indessen gesellten sich hierzu die anderen Verzweiflungen, die niedrigen, die erbärmlichen, die sich in keiner Unglücks- und Leidensgloriole bergen ließen. Da war ihm das Herz übergeflossen vor Glück, da hatte er einer ganzen Stadt von seiner Braut erzählt, von diesem blutjungen, schlanken, bildschönen Mädchen, einer Göttin auf Erden! Wie grauenvoll war er gestraft für seine harmlose Ruhmredigkeit! Es überlief ihn wie Feuer, als ihm die Äußerungen des Polizeimeisters einfielen, sein Lächeln und Lippenlecken und nun erst die Witzworte, die er jetzt in Umlauf setzen würde. Wie sollte er sich noch vor den Menschen sehen lassen können, und wie stünde er allein schon vor seinem eingeborenen Diener da und vor dem Stubenmädchen und der Köchin, die er für seine junge Frau beschafft hatte? Er, der Unsichere, Scheue, der schon von Natur Lächerliche, welcher von klein auf nichts so sehr gefürchtet hatte wie das Urteil der Menschen, deren jeden er ohne die Hoffnung, ihm jemals gleichen zu können, um sein Selbstbewusstsein und seine Sicherheit beneidet hatte! Er war abgesunken, zurückgeschleudert in alle Verzweiflungen und Verzagtheiten seiner jüngeren Jahre.

Die Einfahrt in den Hafen dünkte ihn endlos. Als das Schiff anlegte, da war es bereits Nacht, und es blieb ihm erspart, von Bekannten mit seiner Braut gesehen zu werden. Es kamen nun alle die vorgeschriebenen umständlichen Formalitäten, mit deren Hilfe verhindert werden sollte, dass verbotene Bücher, passlose Individuen, ansteckende Krankheiten und schlechte Gesinnungen nach Nowo-Archangelsk gelangten; es kam das Ausladen des Gepäcks und der Übergang auf das feste Land. All das erlebte Poplawkin nicht eigentlich mit. Er war in einem Zustande der Betäubung, und in diesem Zustande kam er, von einigen Gepäck schleppenden Eingeborenen gefolgt, schweigend mit Darja Trofimowna zum Hause der Aristarchows. Dem Gast zu Ehren waren sämtliche Fenster erleuchtet; offenbar hatte die Nachricht, Fräulein Schustowa sei eingetroffen, sich bereits verbreitet.

Poplawkin konnte sich am nächsten Morgen nicht mehr erinnern, wie sich der Eintritt in das Haus, wie sich die Begrüßung mit den Aristarchows vollzogen hatte. Nur die strahlenden Fenster flackerten die ganze Nacht über vor seinen Augen.

»Sie werden müde von der Reise sein, Darja Trofimowna«, hatte er nach einer Viertelstunde gesagt und hatte alle Aufforderungen, noch Tee zu trinken, ein Schnäpschen, ein Gläschen Portwein zu nehmen und auf das Wohl der Braut anzustoßen, wortkarg abgelehnt. »Morgen Vormittag werde ich Ihnen meine Aufwartung machen.«

Nun, auch den Aristarchows ist die Nacht schließlich auf irgendeine Weise hingegangen, und was ihr folgte, das war, wie wir aus dem Kalender ersehen haben, ein Sonntagmorgen.

Höherenorts wurde gewünscht, dass nach Tunlichkeit an Sonntagen und an Feiertagen alle Beamten am Gottesdienst teilnahmen, und dafür gab es die zwar aus Holz gebaute, indessen recht stattliche Kathedrale des heiligen Erzengels Michael, dem zu Ehren die Stadt ihren Namen trug, denn Nowo-Archangelsk heißt ja Neu-Erzengels-Ort.
Es gab zwar noch eine andere Kirche, aber die lag außerhalb der Palisadenbefestigung im Eingeborenenviertel, und sie wurde fast nur von den christlichen Indianern besucht, diesen als Koljuschen oder Tlinkiten bezeichneten Halbwilden mit dem besonderen Geruch.
Poplawkin konnte es an diesem Sonntagmorgen nicht über sich gewinnen, in die Kathedrale zu gehen, denn welche Gerüchte mochten schon am Samstagabend und in der sonntäglichen Morgenfrühe die Stadt durchlaufen haben? Er fürchtete lächelnde Gesichter, er fürchtete Fragen, und am meisten fürchtete er jene guten Leute, die sich das Ansehen geben würden, als habe sich gar nichts ereignet. Ein Gang in die Eingeborenenkirche aber wäre erst recht aufgefallen und hätte zu Gerede Anlass gegeben.
Darja Trofimowna indessen hatte sich mit ihren Gastfreunden in die Kathedrale begeben, und Poplawkin hatte im Besuchszimmer die Rückkehr der Kirchgänger abzuwarten.
Nach einer kurzen Konversation ließen Pamfilij Feofanowitsch und seine Frau das Paar allein, und nun

sagte Darja Trofimowna: »Ich habe Ihnen ja noch einiges zu übergeben, Wassilij Borissowitsch.«
»So? Ach ja, das ist ja sehr freundlich von Ihnen.«
Sie hatte einige nächtliche Stunden damit hingebracht, einen Teil ihrer Habseligkeiten auszupacken, nicht alle, und das große Gepäck rührte sie nicht an. Gott mochte wissen, ob es in Nowo-Archangelsk jemals würde ausgepackt werden.
Sie führte ihn in ihr Zimmer, und in all seinem Elend nahm er doch wahr, wie zweckmäßig und ordentlich und hübsch sie jedem ausgepackten Stück seinen Platz angewiesen hatte.
Darja Trofimowna holte einige Päckchen und Pakete hervor, öffnete sie, während Poplawkin stumm dabeisaß, und breitete den Inhalt vor ihm aus.
Alles, was er sich gewünscht hatte, war da, und noch manches andere, und es war alles mit Fürsorglichkeit und Verständnis ausgewählt.
Da kam nun zuerst der Schlafrock zum Vorschein, rot und grün mit ein paar Goldspritzern, türkischer Schnitt, Troddeln, Schnüre und Quasten nach dem neuesten französisch-arabischen Geschmack, und da war die Fleischmaschine, und dann kamen die Noten und ein paar Bücher, auch solche mit Gedichten.
Zuletzt sagte sie: »Und hier wäre das Sonstige« und übergab ihm das noch unausgepackte Paket mit den Unterhosen.
Er bedankte sich müde und wusste nicht, was er mit all diesen Dingen beginnen sollte. Dann, während Darja Trofimowna die Einwickelpapiere wegräumte

und aus allen Mitbringseln ein großes Paket machte, das Poplawkins eingeborener Diener hernach abholen sollte, dann sagte er: »Darf ich fragen, was für Auslagen Sie gehabt haben?«
»Ich habe das nicht aufgeschrieben«, antwortete sie. »Ich hatte ja gedacht ...«
Sie verstummte, die Röte stieg ihr ins Gesicht, und sie packte hastig weiter.
»Hier wäre dann das Vogelfutter«, sagte sie. »Ich hoffe, es wird richtig sein. Ich habe mich bei einem Kenner erkundigt und auch in Handbüchern nachgeblättert.«
»Mein Kanarienvogel ist vorige Woche gestorben«, antwortete er traurig.
»Woran?«, fragte sie, und ihre Stimme war voller Bestürzung. Er zuckte die Achseln und bemerkte: »Ich habe es für ein schlimmes Vorzeichen genommen.« Das heißt, nein – natürlich sagte er das von dem Vorzeichen nicht, so etwas Hartes hätte er nie ausgesprochen.
Inzwischen ist seit Darja Trofimownas Ankunft eine gute Woche vergangen; man kann auch sagen: eine böse, und wir wollen ihresgleichen niemandem wünschen.
Und was hat sich in der bösen Woche ereignet?
Wassilij Borissowitsch hat sich wenig unter die Menschen gewagt, und schon der Weg von seiner Wohnung zur Kanzlei und wieder zurück ist ihm vorgekommen wie ein Spießrutenlaufen oder als müsse er nackt durch die riesigen Brennnesselbüsche ge-

hen, die zur Verwunderung aller Weißen von den unbeschuhten Koljuschen ohne jedes Unbehagen durchquert wurden; aber nun war er ja kein Indianer. Einmal gingen vor ihm ein Oberleutnant vom Schützenbataillon und ein Obersekretär von der Russisch-Amerikanischen Handelscompagnie. Er konnte es nicht vermeiden, den Oberleutnant sagen zu hören: »Nun, und was ist Ihre Meinung über Wassilij Borissowitsch?« Und der Obersekretär antwortete: »Ach, das ist so ein Spaßvogel, müssen Sie wissen, der hat uns alle an der Nase herumgeführt.«

Poplawkin hatte aufgehört, sich im Kasino blicken zu lassen. Er nahm seine Mahlzeiten daheim, und die Fleischmaschine bewährte sich, aber das merkte er kaum. Einige Male in dieser Woche hat er auch bei Pamfilij Feofanowitsch gespeist und neben Darja Trofimowna gesessen, doch sind das keine behaglichen Mahlzeiten gewesen. Er war sehr schweigsam, und immer beschäftigte ihn der Gedanke, wie er dem Klatsch von Nowo-Archangelsk entgehen könnte. War es nicht am besten, er kam um seine Versetzung ein, irgendwohin, wo ihn niemand kannte, in die Einöde, nach Kamtschatka oder Sachalin oder auf die Inseln, und dort wollte er einsam und gramvoll seinen Dienst tun und seine Tage ableben und wollte Gott bitten, er möge sich mit dem Zuendezählen dieser Tage beeilen. Darja Trofimowna aber will er vorschlagen, sie soll nach Russland zurückkehren, nicht gerade zu ihren Petersburger Bekannten, sondern nach dem Süden, wo das ganze Jahr über Sommer ist, denn vielleicht vergöttert sie doch die Natur – er hat noch keine Gelegenheit gefunden, sich danach zu erkundigen. Er wird ihr das Reisegeld geben, reichlich bemessen, oder noch mehr als das, damit sie sich ein neues Leben einrichten kann, und wenn seine letzten Ersparnisse draufgehen sollten! Aber von all dem wagt er nicht zu ihr zu sprechen, es schneidet ihm ins Herz, und so sitzen sie schweigend beisammen. Bringen die Gastgeber ein Gespräch auf über das Wetter oder die neue Haubenmode oder über die Spielverluste des Polizeimeisters im Klub oder über die Schwierigkeiten der Franzosen in Syrien und Nordafrika, dann sagt Poplawkin: »Ja, ja, ganz gewiss« oder: »Das ist doch sehr zum Verwundern«, und dann verstummt er wieder und blickt auf seinen Teller.

Nicht viel, aber immerhin um eine Kleinigkeit munterer als er zeigte sich Darja Trofimowna, freilich nur, wenn der Bräutigam nicht zugegen war, und es ließ sich auch merken, dass sie diese Munterkeit bloß dem Wohlanstand zuliebe hervorholte. Gern wäre sie der Aristarchowa zur Hand gegangen, aber da wimmelten überall die eingeborenen Dienstboten herum, und es galt als unschicklich, wenn ein weißer Mensch in Gegenwart von Eingeborenen eine körperliche Arbeit verrichtete, es sei denn Stickerei oder feine Näharbeit.

Darja Trofimowna wollte so gern ihre Dankbarkeit zeigen, und da blieb nicht viel übrig als den Hund zu streicheln. Oder sie spielte mit den Kindern, las ihnen vor und erzählte ihnen die Geschichten, die sie vor anderthalb Jahrzehnten ihrer süßen kleinen Nichte erzählt hatte. Auch den Eltern erzählte sie, erzählte von der Reise und von Petersburger Zuständen. Aber was sie hören wollten, das konnte sie ihnen nicht erzählen, und sie mussten an sich halten. Sie hatten das Gefühl, ihnen vor allen komme es zu, wohlinformiert zu sein, und von sämtlichen Seiten wurden sie um Auskünfte bestürmt. Dennoch brachten sie es nicht fertig, geradwegig zu fragen, was es mit dieser Brautschaft auf sich habe und ob das Paar denn nicht bald anfangen wolle, seine Visiten zu machen*.

Den ganzen Tag über stand die Haustür nicht still. Nicht alle Männer konnten sich einfinden, sie hatten ihre Kanzleien, ihre Dienststunden, ihre Kartenpartien im Klub, aber die Damen erschienen, so oft es ihnen danach zu Mute war, und so befand sich das Haus der Aristarchows plötzlich im Mittelpunkt aller Aufmerksamkeit von Nowo-Archangelsk. Die Wahrheit zu sagen, genau das war es, was Pamfilij Feofanowitsch und seine Frau sich seit vielen Jahren gewünscht hatten.

Die Damen tranken Tee, aßen Kringel und Eingemachtes, und manche von ihnen wurden mit Darja Trofimowna bekannt und hatten bei ihrer Rückkehr ins eigene Haus die dringliche Neugier ihrer Ehemänner zu befriedigen, was ihnen nicht recht gelin-

---

* Man weiß heute allenfalls noch, welche Rolle die Visiten in früherer Zeit, nicht aber, welche Rolle sie in Nowo-Archangelsk gespielt haben.

gen konnte. Immerhin wusste binnen kurzem die ganze Stadt, dass um Poplawkins Heirat sonderbare Komplikationen aufgekommen waren. Nun, unter diesen Damen war auch die Jaroslawskaja, die freilich zunächst einigen Widerstand in ihrer Seele zu überwinden hatte, bevor sie sich dem Zuge der Wallfahrerinnen einreihte. Dann aber gewahrte sie, dass hier genau das aus Petersburg nach Nowo-Archangelsk gekommen war, was sie seit langem suchte.

Sie suchte nämlich ein Gemisch aus Gesellschafterin, Haushälterin und Erzieherin, und zwar sollte mit Rücksicht auf die lebhaften und entzündlichen Neigungen des Hausherrn dies Gemisch ein nicht mehr ganz junges Gemisch sein. Es sollte mit der Frau des Hauses die Zankpatience legen, die bekanntlich von zwei Personen zu exekutieren ist, es sollte die Dienstboten beaufsichtigen, den Wintergarten pflegen, die Haushaltsrechnungen zusammenheften, mit den Kindern Französisch sprechen und ihnen die Anfangsgründe des Klavierspiels beibringen. Mehr als der Anfangsgründe bedurfte es nicht, denn einmal mussten ja alle die kunstvollen Anzettelungen, die von der aus großer Familie stammenden Jaroslawskaja mit Hilfe zahlloser Briefe in Petersburg gesponnen worden waren, ihre Wirkung tun, und der Kapitän musste in die Residenz und in die Admiralität kommandiert werden, damit man sich dort seine Kenntnisse und Erfahrungen in allen russisch-amerikanischen Fragen zunutze machte; dann würden sich Klavierlehrerinnen und Französinnen in

Menge anbieten, und man musste nur sehen, dass sie an jugendlichen Reizen nicht allzu reich waren. Davon aber, dass Darja Trofimowna leidliche und für Alaska-Verhältnisse sogar recht hübsche französische Kenntnisse hatte, davon hatte sich die Jaroslawskaja rasch zu überzeugen gewusst.

Zwei Tage nach dem ersten Besuch der Jaroslawskaja im Hause des Pamfilij Feofanowitsch hatte irgendeine weibliche Mittelsperson es bereits übernommen, Darja Trofimowna auf eine behutsame Weise von den Wünschen der Jaroslawskis in Kenntnis zu setzen und ihr auch darzulegen, was sie zu erwarten hatte: nämlich alle Bequemlichkeiten, die in Nowo-Archangelsk denkbar waren, ein gutes Gehalt und die Übernahme aller Verbindlichkeiten, die ihr gegenüber der Kronskasse erwachsen waren. Dafür freilich sollte der Vertrag ein recht langfristiger sein – man konnte ja bei allem Zutrauen zur eigenen Geschicklichkeit doch nicht sicher wissen, wann endlich die Rückkehr nach Petersburg glücken werde.

All das eröffnete Darja Trofimowna ruhig und ernst unserem Poplawkin, als er am Sonntag im Aristarchowschen Hause erschien, und fügte hinzu, sie sei entschlossen, von dieser Möglichkeit Gebrauch zu machen.

Darja Trofimowna war gerade mit den Aristarchows, Eltern und Kindern, aus der Kathedrale des heiligen Erzengels Michael zurückgekehrt. Poplawkin hatte sich wieder nicht hingetraut, wohl aber den Besuch der Eingeborenenkirche erwogen. Indessen war sein

Gemüt so zerrissen, und was würde Gott von ihm denken, wenn er mit solchem Gemüt seine Kirche betreten hätte, und mochte es nur die Eingeborenenkirche sein?

Jetzt antwortete er, es komme so unerwartet, sie möge ihm Zeit lassen, man müsse es erwägen …

»Was ist da zu erwägen, Wassilij Borissowitsch? Ist das nicht ein Geschenk Gottes? Gott breitet alles aus, nimmt die Mütze ab und sagt: Ist es gefällig? Ich bitte zuzugreifen! – Wo also ist da ein Grund zum Zaudern?«

»Bis wann, Darja Trofimowna, müssen Sie den Jaroslawskis Bescheid geben?«

»Einen Termin haben sie mir nicht gesetzt. Lange kann man sie wohl nicht warten lassen.«

»Es ist sechs Uhr … ich kann mich nicht so schnell finden … wollen Sie mir … bis morgen um diese nämliche Stunde … Gott, mein Gott«, flüsterte er und presste die rechte Hand gegen die Stirn.

»Bis morgen? Wenn Sie es wünschen, Wassilij Borissowitsch, warum nicht?«

Wir brauchen Wassilij Borissowitsch durch diese vierundzwanzig Stunden nicht im Einzelnen zu begleiten. Er sitzt mit geschlossenen Augen in seinem Lehnstuhl, er geht in seinen Zimmern auf und nieder, mitten in der weißen Sommernacht verlässt er hastig seine Wohnung und wandert am Ufer des Indianerflusses umher, unter den Zedern und Rottannen.

Unsern armen Poplawkin schaudert es, denn das Angebot der Jaroslawskaja hat ihn an einen Kreuzweg gestellt, und jetzt gilt nichts anderes mehr als Spitze oder Knopf.

Er starrt in den bleichen, wild um seine Felsbrocken schäumenden Indianerfluss und denkt, vielleicht möge man dort am freundlichsten aufgehoben sein.

Er hatte immer so vor sich hin gelebt, und schließlich hatte er sich mit seinen Lebensmängeln zur Not abgefunden. Aber es muss doch, vielleicht ohne dass er es wusste, ein Gefühl der Ungenüge in ihm gewesen sein; etwas fehlte. Dies Gefühl war der eigentliche Grund, der ihn um Urlaub einkommen und nach Russland reisen ließ. Dies Gefühl war es gewesen, was ihn genötigt hatte, an den Petersburger Bekannten und danach an Darja Trofimowna zu schreiben.

Aber was fehlte ihm? War es wirklich nur eine Frau? War es nicht vielmehr etwas unvergleichlich Bedeutungsvolleres, für das die Frau nur ein Zeichen war? Das aber erkannte er jetzt, dass er plötzlich seinem Schicksal gegenüberstand und dass es da kein Ausweichen mehr gab. Und was er in dieser Nacht weiterhin erfuhr, das war zuerst die Ahnung, danach die Gewissheit, dass die Schicksallosigkeit unwiderruflich vorbei war, dass Schicksal dasjenige ist, was den Menschen von den anderen Geschöpfen unterscheidet und dass nur, wer die immerwährende verschwiegene Brandmarkung erleidet, in Wahrheit ein Mensch heißen darf.

Es ließe sich hierüber viel nachsinnen, und nicht alle Gedanken sind unserem Wassilij Borissowitsch bereits in jener Nacht gekommen; mit manchem haben wir wohl schon einen Vorgriff in künftige Tage getan. Es wurde ihm klar, dass er etwas vollkommen Neues zu beginnen hatte, nämlich eine Hingabe seiner selbst und ein Fortschleudern aller Menschenfurcht; und wenn ihn jetzt ein Rausch des Martyriums überströmte, so würde er in Zukunft dies Martyrium rauschlos und Tag für Tag zu bewähren haben.

Kurz, in dieser Nacht und als schon der unvergängliche Schnee auf den Berggipfeln in der Morgensonne aufzuflammen begann, fasste er seinen Entschluss, und als Kernmotiv unserer Novelle offenbarte sich dies, dass auf einen unbedeutenden Menschen ein bedeutendes Schicksal zutritt, ein Schicksal, das – sagen wir es ruhig – Größe erfordert. Nicht eine Größe des Gedankens, der öffentlichen Leistung, der die Welt in Bewegung setzenden Tat, aber …

Am Montagnachmittag hatte Darja Trofimowna nicht erst bis sechs Uhr zu warten. Schon zwei oder drei Stunden früher war Poplawkin bei ihr, ein veränderter Poplawkin. Darja Trofimowna sah ihn betroffen an.

»Ich bin bei den Jaroslawskis gewesen«, erklärte er mit Festigkeit.

»Bei den Jaroslawskis? Und was …«

»Ich habe ihr gedankt und habe ihr erklärt, es liege nicht in meinen Wünschen, dass meine Frau eine Stelle in einem fremden Hause annähme.«

»Ihre Frau? Um Gottes willen!«, rief Darja Trofimowna, und ihr Gesicht zeigte den Ausdruck eines furchtbaren Schreckens. »Wassilij Borissowitsch,

was haben Sie getan? Wie konnten Sie so etwas sagen? Was soll denn werden? Ihre Frau, haben Sie gesagt?«
»Ja«, antwortete er. »Meine Frau. Wir werden heiraten.«
»Wassilij Borissowitsch, ich beschwöre Sie! Unglücklich werden Sie sich machen! Ich lasse das nicht zu!«
»Es ist nichts mehr rückgängig zu machen, Darja Trofimowna. Sie haben sich bereit erklärt, meine Frau zu werden, ich habe die Ehewilligkeitserklärung unterzeichnet, und Sie haben in Petersburg vor der Behörde Ihren Namen unter ein Papier gesetzt. Ich habe die Trauung bestellt.«
Darja Trofimowna schluchzte auf und schlug sich die Hände vors Gesicht. Er zog ihre Hände behutsam zur Seite, nahm sein Taschentuch und trocknete abermals ihre Tränen.
»Die Jaroslawskis haben mir gratuliert, auch der Mann hatte sich dazugefunden. Sie haben gesagt, ich solle auch Ihnen ihre Glückwünsche ausrichten. Das sind höfliche, wohlerzogene Leute.«
Darja Trofimowna weinte immer noch. Poplawkin sagte: »Ich möchte nicht, dass es viel Aufsehen und Gerede gibt, und Sie werden das auch nicht wollen. Darum habe ich nicht die Kathedrale gewählt, sondern die Eingeborenenkirche in der Vorstadt.«
Jetzt erläutert Poplawkin noch ein paar Details. Er sagt, die Trauung werde übermorgen früh um drei Uhr stattfinden, also zu einer Zeit, wo alle Weißen

noch schlafen. Er selbst wartet mit dem Wagen drüben an der Straßenecke. Alles geht in der Stille vor sich, und nach der Trauung begibt man sich auf eine Hochzeitsreise.

»Eine Hochzeitsreise? Und wohin?«, rief Darja Trofimowna.

»Ja, nach Nizza können wir nicht fahren und nach Baden-Baden auch nicht. Da habe ich gedacht, wir begeben uns zu den Schwefelquellen. Ich habe mir zwei Wochen Urlaub genommen. Erzählen Sie niemandem etwas, später können wir alles erklären.«

Poplawkin ging. Im Vorzimmer musste er sich auf einen Stuhl setzen, so zitterten ihm die Knie. »Gott, Gott!«, flüsterte er. »Was tue ich, was habe ich getan!«

Dann aber bekreuzte er sich und murmelte vor sich hin: »Gott hat mir da jemanden zugespielt – er ist in meiner Hand, wie kann ich ihn zu Boden fallen lassen?« Er stand auf und ging rasch hinaus, um nicht irgendeinem von den Aristarchows zu begegnen.

Aber als er auf der Straße war, stand die vom Spaziergang heimkehrende Aristarchowa vor ihm. Er musste sich fassen und musste sie begrüßen. Dann sagte sie mit viel Lebhaftigkeit: »Übrigens, Wassilij Borissowitsch, Ihre Braut ist reizend. Wirklich eine Seele ist sie!«

Er sah überrascht auf, ein wenig argwöhnisch, aber im Gesicht der Frau war kein Zeichen zu sehen, dass sie es nicht aufrichtig meinte, und das wäre auch nicht ihre Art gewesen.

»Nicht wahr? Ach ja, das ist sie wohl«, antwortete er

halblaut und ohne Sicherheit, und doch war ihm zumut, als sei ihm ein winziger Trost zuteil geworden, eine Himbeere am heißen Sommerwege oder ein Schnäpschen am bösen Nebelmorgen.

Am nächsten Tage ließ er sich im Hause Aristarchow nicht blicken, in der Frühe des übernächsten war er mit dem Wagen zur Stelle. Einen kleinen Reisesack in der Hand, einen würfelförmigen, vier Handbreit hohen, von einem Tuch verhüllten Gegenstand unter dem Arm, kam Darja Trofimowna aus der Tür, aber beide schlichen sich noch einmal ins Vorzimmer und hinterließen dort einen Zettel, auf dem die Vokabeln Dank und Wiedersehen durch irgendeine Verbalkonstruktion verbunden waren. Sie fuhren zur Kirche. Die Stadt war noch kühl und totenstill. Im Wagen streichelte er einmal ihre Hand, vorsichtig und wie zur Probe.

Trauzeugen waren Poplawkins eingeborener Diener und die Frau des Popen. Nach der Trauung fuhren sie zu Poplawkins Wohnung.

Die Köchin und das Stubenmädchen standen in der Tür. Darja Trofimowna gab ihnen die Hand und fand nicht, dass sie schlechter rochen als alles andere auf der Welt. Mit dem Diener als dem Trauzeugen war sie ja schon bekannt geworden.

»Dies ist jetzt Ihr Haus, Darja Trofimowna«, sagte Poplawkin heiser und führte sie hinein.

Er zog seinen Mantel aus, und wieder, wie zuvor in der Kirche, freute Darja Trofimowna sich darüber, dass er seine Galauniform mit den zwei Orden angelegt hatte.

Derweil hatte sie das Tuch von dem verhüllten Kubus genommen. Sie überreichte Poplawkin einen Käfig, ein Kanarienvogel saß darin. Er war glattköpfig und strohgelb und sah sich befremdet um, aber ohne Ängstlichkeit.

»Darja Trofimowna!«, rief Poplawkin. »Nein! Wie haben Sie das fertig gebracht? Ich hätte nicht geglaubt, dass es in Nowo-Archangelsk einen Kanarienvogel aufzutreiben gäbe. Den alten habe ich einem amerikanischen Matrosen abgekauft.«

»Ach, es war nicht so schwer«, antwortete sie. »Man musste sich nur ein bisschen umsehen und umhören. Ich hatte ja gestern den ganzen Tag Zeit.«

Der Vogel begann seine Touren abzurollen, hell und silbern wie eine altmodische Spieluhr. Ein wenig wollte es dem jungen Ehemann scheinen, als gehöre sein Lied in das Fach des Gefühlvollen und Tröstlichen.

Sie gingen durch alle Zimmer. Als sie in die Küche kamen, verlangte Darja Trofimowna ihren Reisesack. Sie entnahm ihm einen winzigen neuen Kochtopf, so groß wie für eine Puppenküche, tat Kohle aus dem Herdfeuer hinein und blies die Glut an. Darauf wickelte sie aus einem Papier ein von Petersburg mitgebrachtes zuckerstückgroßes Holzkohlenbröckchen und gab es hinzu. Sie bekreuzte sich gewissenhaft, verneigte sich vor dem Herde und sagte freundlich: »Wir bitten, Großväterchen-Hauskobold, in die neue Wohnung, lasse es dir gefallen.«

Der Kirschkern

Bei dem alten Goldschmiedsehepaar Floetner wird ein seltsames Heiligtum verwahrt. Wenn am Silvesterabend die Verwandtschaft und Freundschaft kommt und das Glockengeläut und der Wein die Menschen gesprächig gemacht hat, gibt die Frau dem Mann den großen Schlüssel zu ihrer Hochzeitstruhe und sagt: »Peter, geh, hol den Girschgern!«

Der Mann geht, im Zimmer nebenan dreht sich der Schlüssel knackend im Schloss, dann kommt der Goldschmied mit einem Schächtelchen zurück, setzt es vor die Frau hin und sagt: »Da haste deinen ollen Girschgern!«

Nun geht es wie in allen früheren Jahren: Die Frau erzählt die Geschichte vom Kirschkern. Die Verwandtschaft kennt die Geschichte schon, sie hört sie gewiss zum fünfundzwanzigsten Male. Aber schließlich kennt sie auch das Glockengeläut und den Wein und den vorzüglichen Mandelstollen der Frau Friederike Auguste Floetner und so manches andere, was in einem Jahr sich genauso zu ereignen pflegt wie im Jahr vorher und in den vielen anderen Jahren, die man nicht mehr auseinander halten kann; und was sonst macht das Leben schließlich angenehm, als dass man sich darin auskennt und weiß, woran man sich

zu halten hat? Und so hören denn alle aufmerksam zu und sehen erwartungsvoll auf das runde Schächtelchen, welches vorläufig noch geschlossen vor der Frau steht.
Dass die Frau die Taufnamen Friederike Auguste hat, ist natürlich kein Zufall, sie ist im gleichen Monat geboren mit unserem gnädigen Kurfürsten Friedrich August, König von Polen. Die Frau ist jetzt fünfzig Jahre alt, und der König ist es ebenfalls, nur an Körperkräften ist er ihr ein wenig überlegen: Er kann ein Hufeisen zwischen seinen Händen zusammendrücken; er kann zwei Fuhrwerke, die ineinander gefahren sind, mit seinen starken königlichen Gliedern auseinander schieben, als wäre das gar nichts; er hat einmal einen unbotmäßigen Untertanen mit ausgestrecktem Arm aus dem Fenster in den Regen gehalten, dass allen Leuten, die es sahen, das Herz gefror. Darum wird unser König auch »August der Starke« genannt. Frau Auguste ist auch stark. Aber das Starke prägt sich bei ihr mehr im Gewicht aus. Darin steht sie ihrem König nicht viel nach.
Frau Augustes Vater ist Tafellakai gewesen im kurfürstlichen Schloss und hat bei Tisch bedient. Er hat den kleinen Friedrich August heranwachsen sehen, und als er drei Jahre alt war und zum ersten Male zur Tafel gezogen wurde, hat er ihn auf sein hohes Kissen gesetzt und den Stuhl an den Tisch gerückt.
Der kleine August war schon damals ein auffallend gesundes, kräftiges Kind. Als es zum Nachtisch Kirschen gibt, prächtige, große, blutrote Herzkirschen,

ermahnt ihn die Frau Mama, die Kirschkerne fein säuberlich auf den Teller zu spucken. Aber das Kind stützt sich mit beiden Händchen vom Tisch ab, legt den Kopf zurück, macht ein rundes Mäulchen, und ehe man sich's versieht, fliegt ein Kirschkern über den Tisch durch den ganzen Saal und Frau Augustens Vater mitten ins Gesicht.

Der gnädige Herr Kurfürst haben gesagt: »Brünneh kart, Monsieur!«, was auf gut Deutsch so viel heißt wie: »So was schickt sich aber werglich nich!«, aber Frau Augustes Vater, der Tafellakai, hat keine Miene verzogen, nur die Augen hat er ein klein wenig gedreht, um zu sehen, wo der Kern hingefallen ist. Als die Herrschaften den Speisesaal verlassen haben, hat er ihn aufgehoben und abends seiner Frau mitgebracht. Frau Augustes Eltern haben ihn treulich aufbewahrt und jeden Silvesterabend vorgezeigt, bis sie das Zeitliche segneten, und in ihrem Testament haben sie den Kirschkern ihrer Tochter Auguste vermacht, denn diese ist ja im selben Monat geboren wie unser Kurfürst. Und nun erzählt Frau Auguste die Geschichte am Silvesterabend und hat sie sogar noch um einen Zusatz vermehrt. Sie behauptet nämlich, dass unser gnädiger Herr König den Beinamen »der Starke« schon bei jenem Mittagsmahl verliehen bekam, denn das sei eine Leistung gewesen für ein so junges Kind. Aber ihr Mann lacht dazu nur und nickt verächtlich mit dem Kopf nach ihr hin, und nun macht die Frau die Schachtel auf und wickelt behutsam den Kirschkern aus einem leinenen Tüchlein heraus, legt ihn mit zwei Fingern vorsichtig auf ihren großen, fleischigen, linken Handteller und sagt mit einem leisen Aufschluchzen in der Kehle: »Wemmer bedenkt, dass dän unser gnädiger Geenig schon mal im Munde gehabt hat …«

Nun sind auch alle anderen ein wenig gerührt und beugen sich über den Tisch und sehen mit ehrfürchtigem Schauer den Kirschkern an, rühmen seine Größe und seine ebenmäßige Rundung und lassen sich die kleine Vertiefung zeigen, in der sich noch ein wenig vertrocknetes Fruchtfleisch erhalten hat. Und dann wird der Kirschkern wieder eingepackt, und die Gäste trinken nachdenklich ihr Glas aus.

Bis zu diesem Augenblick hat sich alles abgespielt wie das Jahr vorher und alle die anderen Jahre, die sich schon so zum Verwechseln ähnlich sehen, dass man gar nicht mehr weiß, wie man sie unterscheiden soll; aber nun geschieht etwas gänzlich Unvorhergesehenes. Denn während noch alle bedächtig ihren Wein trinken, fragt Frau Augustens Neffe Anton: »Sag doch, Dante, wer erbt dennemal dn Girschgern von dir?«

Alles schweigt betroffen. Das rührt an manche Wunde. Kinder haben die Goldschmiedsleute nicht. Im Geheimen gibt der kleine ausgemergelte Mann seiner großen dicken Frau die Schuld. Und sie ihm. Und nun sagt er bedächtig: »Dän erbt erschtemal där, dr dn andern ieberläbt.«

Frau Auguste macht eine verächtliche Kopfbewegung nach ihrem Mann hin, als wollte sie sagen:

»Säht eich dän an, där will mich ieberläbn!« Aber sie spricht es nicht aus, und so stehen die Gäste schließlich auf und verabschieden sich, und das Auseinandergehen ist nicht so munter, wie es zu einem Silvesterabend gehört. Die Frau bringt die Gäste zur Haustür, und wie sie wieder heraufkommt, steht die Schachtel mit dem Kirschkern nicht mehr auf dem Tisch. Der Mann zieht sich schon aus. Er sagt, er hat die Schachtel weggeschlossen, und dann sprechen sie nicht mehr miteinander.

Am Neujahrstage befiehlt der Mann der Frau, die Werkstatt zu heizen. Das ist ungewöhnlich. Als der Mann hinuntergegangen ist, geht die Frau an ihre Truhe. Die Schachtel liegt an ihrem Platz. Die Frau muss aber immerzu an den Kirschkern denken und darum nimmt sie die Schachtel heraus und macht sie auf. Das Tüchlein ist auf die alte Weise zusammengefaltet, aber der Kern ist nicht darin. Die Frau ist sehr erschrocken. Sie denkt, er ist beim Auseinanderfalten auf die Erde geglitten, und kriecht aufgeregt mit einer Kerze auf dem Boden herum, aber sie findet ihn nicht. Sie weiß nicht, was sie davon halten soll. Schließlich fasst sie sich ein Herz und geht hinunter zu ihrem Mann. Die Werkstatt ist verschlossen. Sie bittet den Mann, aufzumachen, sie hat mit ihm zu sprechen. Der Mann sagt, er will nicht gestört werden. Sie schreit ihm zu: »Die Schachtel ist leer!«

Der Mann sagt, er weiß von keiner Schachtel. Dann antwortet er überhaupt nicht mehr. Die Frau geht wieder nach oben, sucht abermals die ganze Woh-

nung ab, weint viel und setzt schließlich die Neujahrsgans auf, denn das Leben will seine Rechte.
Mittags kommt der Mann zum Essen herauf, aber über den Kirschkern will er nicht sprechen. Die Frau denkt, er hat ihn unten in der Werkstatt versteckt, um sie zu kränken, und wenn er schläft, will sie den Schlüssel vom Haken nehmen und unten suchen. Aber der Schlüssel ist nicht an seinem Platz. Nun weiß sie, dass der Mann etwas mit dem Kirschkern vorhat.
Von diesem Tage an ist das Leben sehr verändert. Der Mann ist noch wortkarger geworden als sonst. Der Schlüssel zur Werkstatt liegt nachts stets unter seinem Kopfkissen. Die Frau darf die Werkstatt nicht mehr betreten, und der Geselle muss sie sauber halten. Wenn der Geselle abends seine Arbeit beendet hat, sitzt der Meister noch viele Stunden allein in der verschlossenen Werkstatt. Seine tiefliegenden, scharfen, kleinen Augen haben einen merkwürdigen Glanz bekommen. Die Frau versucht es auf alle Weise, ihn zum Sprechen zu bringen, mit bösen und guten Worten, mit Weinen und schließlich mit schlechtem Essen. Es gelingt ihr nicht.
In den ersten Wochen fällt es ihr auf – denn sie hat nun Zeit und beobachtet den Mann von früh bis spät –, dass er jedes Mal auf die Straße tritt, wenn der allergnädigste Herr König in seinem prächtigen Wagen mit seinen Mätressen vorbeifährt. Aber von dieser Gewohnheit lässt er bald wieder ab.
Mit der Frau spricht er nur noch das Nötigste. Eines

Abends, als er ins Bett geht, lächelt er pfiffig vor sich hin und sagt: »Zwee Gepfe!« Und am nächsten Abend: »Drei Gepfe!« Und wieder am Abend darauf: »Vier Gepfe!« Und so kommt jeden Abend ein Kopf dazu. Der Frau ist das sehr unheimlich.

Der Mann denkt manchmal, dass er ja seiner Frau im Grunde gar nicht so böse ist, aber das hat sich nun einmal so eingefahren, da kann man nicht mehr zurück. Er hat nebenbei das Gefühl, als ließe sich das nicht mehr erklären, was mit ihm vorgeht, und etwas Unrechtmäßiges ist natürlich dabei, denn der Kirschkern gehört ja zum Gut seiner Frau. Aber dann denkt er auch, dass sie ihm keine Kinder geboren hat, und dass sie am Silvesterabend über ihn gelacht hat und gedacht, sie wird länger leben als er, und da fühlt er sich wieder im Recht und fährt fort in seinem Tun.

Wenn der Geselle die Werkstatt verlassen hat, geht er zur Tür und verriegelt sie sorgfältig von innen. Und nun kommt der große Augenblick: Er geht zum Goldschrank, schließt die äußere Tür auf, öffnet das Geheimfach, nimmt ein Schächtelchen heraus, setzt sich an seinen Platz in das strahlende Licht der Lampe, und da liegt er nun vor ihm, der sein Leben erfüllt. Er nimmt ihn in die zitternde Linke, die langsam fest und ruhig wird, zwischen Daumen und Zeigefinger, er klemmt die Lupe ins Auge und sieht; sieht seine Schöpfung ins Riesengroße gesteigert.

Das ist kein Kirschkern mehr, das ist die Erdkugel. Die Lampe wird zur Sonne, die über Böse und Gute scheint. Er ist Gottvater und sieht sein Schöpfungswerk entstehen. Da hebt sich gewaltig heraus das Haupt Augusts des Starken, mächtig umwallt von der lockigen Perücke. Leben hat er gewonnen durch seinen Schöpferwillen. Er steht da, wohin ihn sein starker Arm gestellt hat: über dem Horizont, wo die Sonne ihre größte Herrlichkeit entfaltet. Der Goldschmied denkt an den Neujahrstag, da er ihn erschuf. Es hat ihn wie ein Fieber überkommen. Der Kern ist hart geworden, wie der sprödeste Schnittstein. Er ist das edelste Material, das er je in Händen gehabt hat. Die Oberfläche dehnt sich unter seinem bewaffneten Auge zur endlosen Rundung. Er schneidet die mächtige Stirn, die wulstigen Brauen, die kräftige Nase, die breiten Kinnbacken. Das ist kein Abbild mehr, das ist er selber, der heimlich Verehrte, heimlich Gefürchtete, heimlich Ersehnte. Der Goldschmied ist klein, und jener ist groß, der Goldschmied ist arm, und jener ist reich. Jener hat ihn übergangen, hat seine großen Aufträge dem andern gegeben, dem verhassten Dinglinger, dem Nebenbuhler, hat sich von ihm das große goldene Kaffeeservice mit den mächtig schwingenden Figuren, den Putten und Amoretten, arbeiten lassen, hat ihm den riesigen Auftrag für die Herstellung der »Hofhaltung des Großmoguls von Delhi« aus Gold und Edelsteinen erteilt. Lässt sich laufend von ihm die gekörnten unförmigen Perlenstücke in lächerliche Figuren hineinarbeiten. Da ist erst kürzlich diese hässliche plumpe Venus im Dinglingerschen Geschäft zur Schau gestellt worden: Die größte Perle, die je gefunden wurde, hat ihren dicken Bauch und rechten Ober-

schenkel abgeben müssen. Ahnt er denn nicht, dass die Welt nach der Seite des Kleinen und Feinen hin ebenso unbegrenzt und unermesslich ist wie nach der des Großen und Mächtigen?
»Ihr arbeitet zu sehr ins Kleine«, hat ihm einmal der verhasste Dinglinger gesagt, »darum werdet Ihr übergangen.« Aber er, er wird ihn zu sich zwingen. Eingefangen hat er ihn hier, geschaffen hat er ihn neu auf dieser Erdkugel, zu Füßen wird der König ihm liegen, wenn sie ganz zu Ende geschaffen ist, sie, die Erde, die einstmals ein Kirschkern war und die er verächtlich ausgespuckt hat. Den Weg ins Kleine wird er ihm weisen, Aufträge werden ihm zufallen, reich und geschmückt wird seine mächtige Frau in der Stadt herumfahren, wie die Freundinnen des Königs, die Fürstin Lubomirska, die Türkin Fatime, die Aurora von Königsmarck. Groß und göttlich wird er sie machen durch seine Schöpferkraft, ihm ebenbürtig wird sie sein, reuig zurückkehren wird sie zu ihm, die ihm jetzt das Essen knapp hält; Puten und Schweinebraten und gemästete Gänse werden auf seinem Tische stehen, ihre mächtigen Glieder wird er in seine Arme zwingen, und einen starken Sohn wird sie ihm schenken im Alter wie Sarah!
An dem Kopf des Königs hat er lange gearbeitet. Die Erde ist groß und leer, die sich um ihn breitet. Aber er wird sie bevölkern mit seinen Geschöpfen. Kopf an Kopf reiht sich an den Großen. Winzig kleine Gesichter entstehen, jeden Tag ein neues: Männer, Frauen und Kinder, Narren und Teufel, wie die Erde sie

trägt, jeder Tag hat seine Schöpfung. Zuerst hat er sich die Zahl hundert gesetzt, aber die Erde ist unermesslich groß. Jeden Abend, ehe der Schöpferrausch ihn überkommt, überzählt er seine Schar, und als der letzte Mensch geschaffen ist, nahe dem Nordpol, sind es ihrer einhundertundfünfundachtzig. Und er sieht das Werk seiner Hände und sieht, dass es gut ist.
Leer ist sein Herz, da das Werk heraus ist. Er kann noch nicht davon lassen. Er wird seiner Erde einen Himmelsraum geben. Er arbeitet eine goldene Umrahmung, er setzt Edelsteine hinein, fünf an Zahl, fünf an Farbe, Merkur, Venus, Mars, Jupiter und Saturn. Die Erde ist in ihrer Mitte aufgehängt. Zwei goldene feine Stäbchen dringen von oben und unten, vom Nord- und Südpol her, in das bräunliche, zerfurchte Gebilde. Die Erde kann sich drehen. Eine kleine, makellos runde Perle hängt unten an dem goldenen Rahmen: Es ist die Sonne, die über Böse und Gute scheint.
Da liegt es vor ihm, das geschaffene Werk. Er wird es seiner Frau nicht zeigen. Sie kann ihn nicht mehr verstehen. Sie würde denken, es ist ein Anhänger, den man um den Hals trägt, und würde ihr Anrecht darauf geltend machen. Er schließt die Schöpfung zum letzten Male in das Geheimfach. Vor der Tür ist ein huschendes Geräusch, aber er achtet nicht darauf. Er geht nach oben, verzehrt sein schmales Nachtessen und schläft zum ersten Male tief, traumlos und lange. Am Morgen findet er, dass seine Schlüssel sich unter dem Kopfkissen verschoben haben; er denkt, dass er unruhig geschlafen hat. Das Bett neben ihm ist leer.

Es ist ein schöner Sommermorgen. Er ist sehr froh. Er pfeift, während er den Sonntagsrock anzieht. Die Frau geht ihm noch mehr aus dem Weg als sonst.
Er will ein Übriges tun und sagt zu seiner Frau, ehe er in die Werkstatt geht: »Heit scheint aber mal die Sonne!« Die Frau antwortet ihm nicht.
Er geht hinunter und schließt das Goldschränkchen auf. Er schließt das Geheimfach auf. Er macht die Schachtel auf, in der das Heiligtum liegt. Die Schachtel ist leer.
Dem Mann wird es schwarz vor den Augen. Er muss sich hinsetzen. Er will gern nachdenken. Aber er weiß nur, dass die Schachtel leer ist.
»Die Schachtel ist leer!«, schreit er ganz laut.Was ist das nur? Das hat er doch schon einmal gehört? Richtig. Seine Frau hat vor der Tür gestanden und geschrien: »Die Schachtel ist leer!« Natürlich, die Frau. Die Frau ist an allem schuld. Sie hat die Schachtel leer gemacht. Der Zorn packt ihn. Er schließt die Werkstatt von außen ab. Der Goldschrank ist offen geblieben. Das ist nun einerlei. Er geht nach oben. Er klinkt unhörbar die Tür auf und wieder zu. Durch die offene Schlafzimmertür sieht er die Frau vor der Truhe am Fenster sitzen, die Beine auseinander gestellt. Das Schmuckstück liegt auf ihrem linken Handteller. Er schleicht leise näher, bis er hinter ihr steht.
»Gib her!«, sagt er kalt.
Sie schreit auf und schließt die Hand zur Faust.
»Gib her!«, wiederholt er.
»Nein«, antwortet sie. »Das gehört mir.«

Er weiß nichts mehr. Seine Hände krallen sich um ihren weißen dicken Hals. Immer fester, immer fester. Jetzt ist er August der Starke, jetzt hat er ein Hufeisen zwischen den Händen, jetzt presst und presst er, immer mehr, immer mehr. Wie lange das dauert, weiß er nicht. Man muss die Augen zumachen, dann geht es leichter. Er hört ein leises Klappern, irgendetwas ist zu Boden gefallen. Er lässt los. Die Frau fällt mit einem dumpfen Laut auf die Erde.

Er hebt das Schmuckstück auf. Er bläst über die bräunliche Erdkugel hin. Sie strahlt in alter Herrlichkeit.

Nun geht er also zum König.

Er schließt die Tür von außen ab.

Er geht mit kurzen, steifen Schritten. Es ist ja alles ganz einfach.

Im Schloss will man ihn nicht vorlassen, aber er lässt sich nicht abweisen. Er hat der Majestät den kostbarsten Schmuck der Welt zu schenken. Man kennt des Königs wilden Hunger auf Edelsteine und lässt ihn vor.

Der König sitzt auf einem Sessel, die Beine auseinander gestellt. Das Stück liegt auf des Königs wulstigem linkem Handteller, wie es auf der Hand der Frau gelegen hat.

Der König sieht das Schmuckstück an, der König sieht den kleinen Mann an, der König lächelt und wartet.

Der Mann will reden, aber alles ist leer. Wo sind die großen Worte hingekommen, die er ein halbes Jahr in seinem Kopf hin- und hergeschoben hat? Fort.

»Wollt Ihr mir das wirklich schenken?«, fragt der König freundlich.
Der kleine Mann fängt an zu zittern. »Majestät«, stammelt er, »Majestät, Ihr müsst mich doch zusammendrücken ... so ... so ... wie ein Hufeisen ...« Seine mageren Hände krallen sich gegeneinander, als wäre etwas zwischen ihnen.
Der König versteht ihn nicht. Er sagt: »Ich danke Euch. Ich will an Euch denken.«
Der Mann geht steif die steinernen Treppen hinunter. Draußen liegt die Mittagssonne auf Fluss und Brücke und heiteren Gebäuden. Der Mann geht am Fluss entlang. Man darf jetzt nicht aufhören zu gehen. Immer weiter, immer weiter. Die Stadt bleibt zurück. Das ist gut so. In der Stadt steht ein Haus. In dem Haus liegt eine Frau auf dem Fußboden. Man darf sich nicht umdrehen, sonst sieht man die Frau am Boden liegen. Der Fluss fließt neben ihm. Der Fluss fließt weg von der Stadt. Der Fluss fließt eiliger, als er gehen kann. Er braucht ja nur hineinzugehen, dann wird er schneller von der Stadt wegkommen. Es ist alles ganz einfach.
Es rauscht und reißt und brodelt um ihn. Sein Kopf ist eine riesige helle Kugel, die bersten will. Aber nun wird sie zusammengepresst. Gesichter sind um ihn und schieben sich zusammen, des Königs mächtiges Antlitz wird kleiner und kleiner, schließlich ist die Erde nur noch ein winziger lebloser Kirschkern, der von den Fluten weitergetragen wird.

Arge Versteigerung

Diese Geschichte trug sich zu, als ich in der Quarta war. Ihren Helden, dem Gründe der Familienpietät den altfriesischen Namen Onno aufgenötigt hatten, habe ich noch während meiner Schulzeit aus dem Gesicht verloren; wahrscheinlich wurde er mit dem so genannten Einjährigenzeugnis ins väterliche Geschäft gesteckt. Zu der Zeit, von der ich spreche, war er ein ungewöhnlich großer und stämmiger Bursche von dreizehn Jahren, eine sonderbare Mischung von verspielter Kindlichkeit und klarer, weit über seine Jahre hinausweisender Sicherheit im Erfassen vieler äußerer Lebensdinge. Hieraus ergab sich ein Eindruck von Zwiespältigkeit, wo nicht Zwiegesichtigkeit, der auch die Lehrer, wie ich jetzt zu verstehen meine, ihm gegenüber unsicher und befangen, vielleicht gar ungerecht machte. Diese Unausgeglichenheit, die ich wohl fühlte, mit meiner sehr bescheidenen Menschenkenntnis aber nicht erkannte, war mir ein Hindernis, mich ihm ganz zu nähern. Indessen übte Onno gerade darum eine geheimnisvolle Lockung auf mich aus; und obwohl er mich als den um zwei Jahre Jüngeren mit Überlegenheit behandelte, empfand ich es als Vorzug, mit ihm umgehen und ihn manchmal bewundern, manchmal vor ihm erschrecken zu dürfen. Auch liebte ich es, sein Schicksal als das eines Mutterlosen mit dem meinen zu vergleichen, der ich nur einmal im Jahr mein Elternhaus erreichen konnte.

Wir wohnten beide vor dem Lübecker Mühlentor und hatten also für eine beträchtliche Strecke den gleichen Schulweg. Dieser führte uns durch die Königstraße, und es war unsere Gewohnheit, jeden Mittag vor der Auslage eines Spielwarengeschäfts stehen zu bleiben. Hier war uns jeder Gegenstand vertraut, aber wir wurden nicht müde, über alle diese Waffen, Fußbälle, Bleisoldatengarnituren, Krocketspiele und Puppentheater mit fachmännischer Begutachtung zu reden, und jeder Wechsel in der Schaufensterauslage war für uns ein Vorgang von Tragweite.

Eines Tages war die Tür geschlossen, das Fenster durch einen Rollladen verwahrt. Ich sah Onno bestürzt an. Er lächelte spöttisch und sagte: »Der hat Pleite gemacht. Na egal, es war ja auch man bloß Kinderkram.«

Ich hatte das sonderbar klingende Wort »Pleite« noch nie gehört, mochte aber nicht fragen und spürte nur, dass damit das unheimliche Ende eines buntfarbigen Herrlichkeitszustandes bezeichnet war. Als hätten wir es abgeredet, erwähnten wir von da an den Spielwarenladen mit keinem Worte mehr, doch konnte ich es nicht lassen, mich täglich durch einen Seitenblick von der unveränderten Fortdauer dieser Öde zu überzeugen. Dies tat auch Onno, aber als sei er auf einer Ungehörigkeit ertappt worden, wandte

er, wenn er sich von mir beobachtet glaubte, rasch den Kopf und begann laut zu pfeifen.
Man muss nicht meinen, der geschlossene Laden habe nach einigen Tagen oder gar Wochen für mich noch eine Bedeutung gehabt; das Leben von Kindern hat ja andere Zeitmaße als das von Erwachsenen, und ihre Treue und Untreue ist in ihr eigenes kindlich ausgedehntes Zeitgefühl gebannt. Ich hatte also den Laden schon fast vergessen, als wir eines Tages beide zugleich voll Überraschung stehen blieben. Der Rollladen war hochgezogen, doch die ehemals so bunt leuchtende Fensterauslage war mit einigen grauen Bogen Papier unordentlich überdeckt. Die Tür stand offen, wir sahen ein befremdliches Treiben im Verkaufsraum und hörten viele Stimmen, aus denen sich manchmal eine gleich der eines Ausrufers heraushob.
Der Vorgang war mir unverständlich, Onno aber erklärte mit den Merkmalen plötzlicher Erregung: »Da wird versteigert!«, fasste heftig meinen Arm und zog mich hinter sich in den Laden.
Der Raum war lang gestreckt und düster, im Hintergrunde brannte eine summende Gaslampe. Eine Anzahl von Männern stand umher, sie unterhielten sich, rauchten Zigarren und betrachteten einzelne trübselig auf dem langen, öden Ladentisch umherliegende Spielsachen. »Nee, da geh ich nicht mit«, sagte einer und lachte. »Da soll ruhig ein anderer mit sitzen bleiben.« Und solcher unverständlicher Bemerkungen gab es noch eine ganze Reihe.
Jemand hob eine Babyklapper in die Höhe, nannte

überlaut einen Preis von wenigen Pfennigen, und nun riefen mit langen Zwischenräumen ein paar träge Stimmen verschiedene, ein wenig höher liegende Ziffern.

Mir war beklommen und unbehaglich in dieser fremdartigen Welt. Ich wollte Onno zum Fortgehen bewegen, allein er stand versunken und mit einer Miene entschlossener Leidenschaftlichkeit vor einem Seitentischchen und betrachtete und befühlte unablässig eine kleine Flinte, zu der eine buntpappene Zielscheibe und ein mit Gummistöpsel zum Ansaugen versehener Pfeil gehörten.

Onno schüttelte mich ab. »Ich bleibe noch hier. Ich muss das Ding da haben«, sagte er verbissen. »Ich biete mit. Ich habe achtzig Pfennige bei mir, mehr kann es nicht kosten.«

Ich wunderte mich und fühlte mich zugleich von etwas Leidigem berührt. Ich empfand nichts als Verachtung für diese kindische Waffe, denn seit einem Jahr besaß ich ein kleines gezogenes 6-Millimeter-Gewehr, das mich in den großen Ferien daheim erwartete; jedes Geldgeschenk, das ich etwa zu Weihnachten oder zum Geburtstag erhielt, sparte ich auf, um dafür eine besondere Art länglicher Geschosse zu kaufen, die »Winchester extra long« hießen und nach meiner Überzeugung selbst zum Töten eines Wolfes hinreichen mussten. Mit dieser Kugelbüchse die Wälder zu durchstreifen, dies schien mir den Begriff des Lebens auszumachen. Ich verstand nicht, wie das alberne Spielzeug Onno reizen konnte, der doch zwei ganze Lebensjahre vor mir voraus hatte! Indessen merkte ich, dass mein Zureden umsonst war. Ich selbst konnte mich nicht länger aufhalten. Bei meinem Oberlehrer wurde pünktlich gegessen, und für einen Nachzügler wäre der ohnehin nicht üppige Tisch noch schmaler bestellt gewesen. Bei Onno zu Hause aber galt englische Tischzeit, und bis sein Vater aus dem Kontor heimkehrte, war Onno durchaus sich selbst überlassen. Ich ging.

Die weiteren Geschehnisse erlebte ich nicht mehr als Augen- und Ohrenzeuge; ich blieb darauf angewiesen, sie mir aus Onnos Erzählungen nachträglich zu erstellen.

Onno wartete hartnäckig zwei Stunden lang und ließ sich selbst bei den lockendsten Gegenständen nicht zum Mitbieten verleiten. Er dachte nicht daran, sein Kapital von achtzig Pfennigen leichtsinnig zu schmälern. Endlich kam die Flinte an die Reihe.

Onno benahm sich mit einer umsichtigen und selbstverständlichen Ruhe, die alle Anwesenden wohl in Zweifel an seinem tatsächlichen Lebensalter setzen mochte. Er bot, obwohl im Innern zum Sieden erhitzt, ohne irgendein Zeichen der Aufregung, und er ging nie um mehr als einen Pfennig über das letzte Gebot der Konkurrenz hinaus. Manche lächelten, andere machten beifällige Bemerkungen, einer klopfte ihn auf die Schulter und sagte ihm ein paar anerkennende und aufmunternde Worte, wobei er ihn »Sie« nannte. Endlich erhielt Onno für sechsundsiebzig Pfennige den Zuschlag.

Er nahm mit einer hastigen Bewegung die Flinte und trat, das Portemonnaie in der Hand, zum Versteigerer.
»Ach, lassen Sie man«, sagte der verbindlich. »Wir schicken Ihnen die Rechnung zu, es muss erst noch verbucht und ausgeschrieben werden.«
Onno ging, die Flinte an dem gelben Riemchen über die Schulter gehängt, in einem Zustande schwer beschreiblicher Aufregung, die erst allmählich einem ruhigen Besitzerglück weichen lernte. Unterwegs fiel es ihm ein, dass der Versteigerer ihn ja gar nicht nach seiner Adresse gefragt hatte. Dies wunderte ihn für eine kleine Weile, dann hatte er es wieder vergessen.
Onnos Vater war Senator und Eigentümer einer bedeutenden Firma. Am Tage nach der Auktion wurden vor seinem Kontor vier Kisten abgeladen und ins Haus getragen. Der Begleiter des Transports wies eine Rechnung vor in Höhe von zweihundertunddreiundneunzig Mark und sechsunddreißig Pfennigen für dreihundertsechsundachtzig gelieferte Flinten, System Erika, zuzüglich zehn Prozent Versteigerungsgebühren, in Summa dreihundertundzweiundzwanzig Mark und neunundsechzig Pfennig, der Transport war zu Lasten des Verkäufers geschehen.
Die Angestellten waren verblüfft und hatten Scheu, den Chef zu benachrichtigen, was freilich nicht unterlassen werden konnte. Währenddessen wartete der Rechnungsüberbringer in der Diele. Endlich erschien einer der Buchhalter, gab ihm die Rechnung zurück und erklärte, Herr Senator wüssten von

nichts, es sei ein Irrtum, und er möge seine Waffen wieder mitnehmen.
Der Mann erwiderte, er werde das seinem Auftraggeber mitteilen, ließ die Kisten stehen und ging. Es erwies sich, dass der Auftraggeber an der Straßenecke gewartet hatte. Bald darauf erschien er selbst und verlangte den Senator zu sprechen.
Die Unterredung im Privatkontor dauerte eine halbe Stunde und war recht erregt. Endlich sänftigte sich der Ton. Die Angestellten sahen den Besucher herauskommen und hörten ihn noch in der Tür sagen: »Na, und denn dank ich auch schön, Herr Senator.«
Die Männer bei der Versteigerung hatten vielleicht für eine kleine Weile sich von Onnos stämmiger Sicherheit zu dem Glauben verleiten lassen, sie könnten mit ihm ernsthaft wie mit einem Erwachsenen ein Geschäft abmachen. Andere wieder hatten den Vorgang mit scherzhaftem Wohlgefallen genommen. Endlich war Onno von einem der Beteiligten als Sohn seines Vaters erkannt worden, nun stand die Absicht fest. Halb blieben sie sich bewusst, dass Onno den Sinn der Auktion missverstand und ernstlich meinte, eine einzelne Flinte ersteigern zu können; halb wiederum beruhigten sie sich unredlicherweise mit dem Gedanken, die Stückzahl sei ja ordnungsmäßig bekannt gegeben worden, und es sei nicht ihre Aufgabe, die Vormünder eines so geweckten Gymnasiasten zu spielen. Man wusste, dass der Senator in der Bürgerschaft – unter dieser Bezeichnung wurde das Unterhaus, nämlich die zweite Kam-

mer der kleinen Republik verstanden – gewisse Gruppen gegen sich hatte und es für nötig hielt, auf Volksstimmungen Rücksicht zu nehmen; man kannte auch seinen großzügigen Widerwillen gegen ärgerliche Auseinandersetzungen. Jetzt wurde der Preis hochgetrieben; zuvor nämlich hatte niemand geglaubt, die Flinten könnten mehr als vier Mark das Dutzend erbringen. Sie warteten mit Spannung; siehe da, es glückte. Der Senator hatte die Schwäche, aus Scheu vor Gerede und Schererei die unverschämte Forderung zu befriedigen. An ein Verwerten des Flintenvorrats war nicht zu denken; der Senator überstellte ihn einem Verein, der sich Weihnachtsbescherungen armer Kinder zur Aufgabe gesetzt hatte. Seinen Sohn bestrafte der Senator auf eine Weise, die Onno mir verschwieg. Das eine Gewehr, das Onno nach Hause getragen hatte, nahm er ihm fort. Zu Weihnachten beging er die Unangemessenheit, es ihm zum Geschenk zu geben. Onno schenkte es am zweiten Feiertage verächtlich seinem Vetter Klaus, der in die Oberseptima ging.

Übrigens bekam Onno zu Ostern nach der Versetzung in die Untertertia einen Anzug mit langen Hosen und kümmerte sich von da an nicht mehr um mich.

Der Kopf

Magnus Rutz, der Sohn eines wohlhabenden Revaler Kaufmannes, hatte aus guter Kenntnis des Theaters eine Reihe von Bühnenstücken geschrieben, die ihm Erfolg eintrugen und ihn daher auf den Gedanken brachten, er sei ein Dichter.
In solchem Glauben (der, da er ja ein Glaube war, unbeirrlich und unwiderlegbar blieb) lebte Rutz bei reiferen Jahren an einem kleinen Ort an einem der norditalischen Seen. In dieser Umgebung – sein Haus nannte er »Villa Parnasso«, auch hatte er Pinien, Lorbeer und einen für echt gehaltenen antiken Torso im Garten – erfüllte er sich immer stärker mit allerlei herkömmlichen Dichtervorstellungen: etwa dass er seiner Zeit voraus sei und daher mit Notwendigkeit verkannt werden müsse; dass etwas, das er unklar, aber innig als »reine Schönheit« empfand, den Anspruch habe, wieder als Leben führende Macht eingesetzt zu werden; und dass seine Verserzählungen den Vergleich mit Dante und Byron ehrenvoll auszuhalten vermöchten. In allem bestärkte ihn die sklavische Bewunderung seiner ältlichen Haushälterin und der Ortsansässigen, denen der Entschluss, auf ihn stolz zu sein, in Unkenntnis seiner Dichtungen und Muttersprache leicht gefallen war. Sie redeten

von ihm als dem berühmtesten aller ausländischen Dichter, und da seine Bühnenstücke ihm, der schon von Hause aus nicht unvermögend war, ein tüchtiges Geld eintrugen, so gab es reichlich an ihm zu verdienen. Im Übrigen war er ein gutmütiger Mann, dem wir seine Eitelkeit nicht zu hoch anrechnen wollen. Wohl wissend, dass in seinem Vaterlande der Prophet in geringer Geltung zu stehen pflegt (und in diesem Wissen durch manche kleine Erfahrung bestärkt) hatte Rutz nach Absolvierung des Revaler Gouvernementsgymnasiums seine Vaterstadt und Heimat verlassen und sich, statt herkömmlicherweise sein Studium in Dorpat zu beginnen, nach Deutschland begeben. Er ist nie wiedergekehrt, auch nicht zu kurzem Besuche. In Reval hörte man wenig von ihm; später verlautete, er habe Bühnenwerke geschrieben, die vielfach aufgeführt worden seien. Aber da er in Reval, zu Recht oder Unrecht, seinen Altersgenossen als hochmütig und empfindlich, dem älteren Geschlecht als anmaßend und vorlaut gegolten hatte, sah das Revaler Theaterkomitee keinen Anlass, bei der Direktion auf die Aufführung eines seiner Stücke zu dringen.

Magnus Rutz rächte sich durch eine herzliche Verachtung der Revaler Banausen; allein diese Verachtung konnte die Wunde nicht gänzlich schließen. Ja, je älter er wurde, umso häufiger überkamen ihn schwermütige Gedanken an die alte und wohlgefügte Revaler Welt. Eine elegische Milde gewann die Oberhand über die zornige Missachtung, in welcher

er sich so lange bestärkt und erhalten hatte, und in allerhand zeilenreichen Stanzen und Oden schufen solche Gemütszustände sich ihre Äußerung.
Unter mancherlei wunderlichen Gedanken war ihm schließlich auch der gekommen, seine Heimatstadt werde zu guter Letzt, wenn seine Bedeutsamkeit voll erkannt sei, sich mit Beschämung und Stolz seiner als ihres Sohnes erinnern. Dann, so meinte er, werde an seinem alten elterlichen Hause in der Rußstraße, in welchem inzwischen eine Korsettfabrik sich niedergelassen hatte, eine Gedenktafel angebracht, ja, es werde wohl gar das ganze Gebäude zu einem Rutz-Museum umgestaltet werden. Für diesen Fall wünschte er gerüstet zu sein.
Er erwarb einen Bestattungsplatz unweit der Villa Parnasso und ließ ein Grabmal anfertigen, auf welchem ein Lorbeerkranz, eine Lyra und ein Genius mit umgestürzter Fackel zu sehen waren. Hier sollte sein Leib ruhen. Sein Kopf aber, so verfügte er, hatte abgelöst, einbalsamiert, in seinen Heimatort gesandt und bis auf ein Weiteres dem Museum der Estländischen Literärischen Gesellschaft übergeben zu werden. Denn in den baltischen Provinzen sagte man »literärisch«, wie man es vor anderthalb Jahrhunderten auch in Deutschland gesagt hat, und man verteidigte diese Gepflogenheit gern mit dem Hinweis darauf, dass ja auch die Reichsdeutschen »militärisch« sagen und nicht »militarisch«.
Es war alles sorgfältig bedacht: Die Einbalsamierung sollte durch die Firma Gebrüder Serra, Jagdtrophäen

und Ausstopferei, Verona, Via Mazzini, vorgenommen werden. Rutz hatte bei der Firma, die auch den Transport des Dichterhauptes in die Wege leiten musste, die geforderte Summe bereits hinterlegt und zugleich genaue Angaben über die geografische Lage Revals und seine Verbindungen mit der übrigen Welt zu Papier diktiert; dies war notwendig, denn wie es sich erwies und gern glauben lässt, hatten die Gebrüder Serra bis an diesen Tag vom Dasein Revals keinerlei Kenntnis gehabt. Alles Übrige war mit der Haushälterin abgeredet, ja, besiegelt worden durch eine feierliche Schwurszene, aus deren Erinnerung die Haushälterin – sie war testamentarisch mit einem Legat bedacht – für den Rest ihres Lebens ihre melodramatischen Bedürfnisse würde bestreiten können. Wir alle sind sterblich, da ist nichts zu reden, Rutz starb. Der Totenschein war ausgeschrieben, der Sarg geliefert, das Begräbnis für den nächsten Vormittag bestellt. Am Abend ging die Haushälterin zu Benati. Benati ist der Friseur des Orts und eine romantische Natur. Er hat sich immer damit gebrüstet, dass der größte Dichter des Auslandes sein Kunde war. Insgeheim macht er Verse; ja, beim fünfundzwanzigsten Priesterjubiläum des Ortspfarrers Don Cipriano hat ein weiß gekleidetes Schulmädchen im Namen des Musikvereins den von Benati verfassten Prolog gesprochen.

Auf Wunsch der Haushälterin wird der Lehrling hinausgeschickt. Dann übergibt sie dem Friseur mit düsterer Feierlichkeit einen versiegelten Brief. Benati öffnet, liest und erbleicht. Der Brief ist von Rutz, dem Dichter. Benati hebt beschwörend die Hände, schüttelt die Locken, betrachtet sein Gesicht im Spiegel, das Gesicht eines Entsetzten. »Es ist unmöglich!«, ruft er mit rollenden Augen. »Unmöglich! Nicht um alle Schätze der Welt!«

Alle Schätze der Welt sind ihm übrigens gar nicht angeboten worden. Angeboten worden sind ihm vielmehr dreihundert Lire, und so folgt er nach einer überaus bewegten halbstündigen Szene der Haushälterin zur Villa Parnasso. Zugegeben, er folgt mit wankenden Knien und heftigem Seufzen; allein er folgt.

Es ist ein stürmischer und mondloser Dezemberabend, es könnte einen schon schaudern, auch wenn man nichts Unheimliches vorhätte. Also schaudert es Benati doppelt. Er mag kaum zugreifen, als die Haushälterin ihm ein prächtiges Abendessen vorsetzt und ihm einschenkt von dem guten Bardolino, den der Selige zu trinken pflegte. Zugleich aber empfindet er jenen wohltätig erhebenden Schauder, von dessen seelenlösender Wirkung die Definitoren der klassischen Tragödie sprechen.

Grappa, muss man wissen, ist ein Traubenschnaps von allerlei Kräften, vortrefflich geeignet, einem Menschen in ungewöhnlichen Dingen Mut zu machen. Die Haushälterin nötigt Benati, mehrere Gläser zu trinken und die Flasche mitzunehmen, als er ächzend und unter häufigem Kreuzschlagen sich ins Arbeitszimmer des Dichters begibt; hier nämlich ist,

im noch unverschlossenen, aber bald zu schließenden Sarge dasjenige aufgebahrt, was, wie Rutz sich in seinem letzten Willen ausdrückte, »sterblich an ihm ist«. Die Haushälterin setzt sich mit ihrem Strickstrumpf in die Stube nebenan, Benati soll wissen, dass eine lebende Seele sich in seiner Nähe befindet. Am nächsten Morgen, während es draußen noch schwarz ist und der Regen böse gegen die Scheiben schlägt, kocht die Haushälterin ihm einen starken Kaffee. Dazu trinkt er hastig den Rest aus der Grappaflasche. Sehr groß, das muss man schon sagen, ist dieser Rest nicht mehr.
Benati hat die paar letzten Nachtstunden, nachdem seine Verrichtung getan war, in dem schönen Bett des seligen Dichters schlafen dürfen; freilich ist es kein guter Schlaf gewesen. Nun muss er sich eilen, um den Dampfer zu erreichen, der in der Frühe nach Desenzano abgeht, wo man in den Zug nach Verona steigt. Stumm, aber mit einem großen Blick drückt er der Haushälterin die Hand, und dann rennt er hinaus in die feindselige kalte Finsternis.
Die Trafiken erhalten von der königlichen Tabakregie ihre Waren in würfelförmigen, glattgehobelten Holzkisten, die an einem Stempel kenntlich sind. Wegen ihres handlichen Umfanges und ihrer sauberen Beschaffenheit werden sie von vielen Leuten gern auch zur Beförderung anderer Gegenstände benutzt; man bekommt sie um ein Billiges von der Trafikantin. Eine solche Kiste hat Benati unter dem Arm. Außerdem hat er dreihundert Lire in der Tasche und die Geister

einer Flasche Grappa im Gehirn. Auf dem Wasser ist es kalt, nebelfeucht und dunkel. Benati setzt sich mit seiner Kiste in die Kajüte, wo es Licht, Menschen, Expresskaffee und Grappa gibt – lauter Dinge, die einem verstörten Mann über sein Zähneklappern hinweghelfen können. Das Licht freilich wird viel zu früh gelöscht, noch im Halbdunkel, aber Grappa und Menschengesellschaft lassen sich gottlob nicht auslöschen; Benati hatte Bekannte getroffen, die gleich ihm durchfroren sind und Grappa für ein wohltätiges Erwärmungsmittel ansehen. So kommt denn eine sonderbar übernächtige Lustigkeit auf, und dazwischen nickt Benati auch ein wenig ein.
Ob nun der Nebel Schuld ist oder irgendeine andere Fahrtverzögerung – genug, als der Dampfer in Desenzano anlegt, ist der Veroneser Zug bereits abgefahren. Nun sehen alle Leute nach ihren Uhren und schimpfen, und so tun auch Benati und seine Bekannten. Hierauf begeben sie sich in eine Wirtschaft unweit des Bahnhofes, um sich die Zeit bis zum Abgang des nächsten Zuges zu vertreiben. Und da sie einmal bei Grappa sind, so bleiben sie bei Grappa. Sie reden recht viel durcheinander, und sie reden recht laut; einer spricht von den Geschäften, die er in Verona zu machen gedenkt, einer von seinem Glück bei den Mädchen, der Maurer Emiliani aber erzählt von Amerika und verlangt, dass alle sein amerikanisches Taschenmesser bewundern, das nicht nur Nagelfeile und Korkenzieher, sondern auch Säge und Patentkistenöffner aufzuweisen hat.

Benati ist es wirr im Kopfe, sein Herz ist noch voller Schrecknisse, aber auch voll eines düsteren Stolzes. Er hat Romane gelesen und Kinodramen gesehen, aber welcher Filmautor oder Romanschreiber wäre denn imstande, Dinge zu ersinnen, wie er sie erlebt hat? Da fahren diese guten Leute nach Desenzano, Peschiera oder Verona, machen ihre kleinen Geschäfte und meinen, so sei das Leben. Er aber, er weiß, dass es für ganz andere Sachen Raum hat, nächtliche, schaurige und große! Ja, und was gibt es für erhabene und rührende Konflikte in der Brust eines fühlsamen Menschen, wenn der letzte Wille eines Genies den grauenvollsten Freundschaftsdienst von ihm fordert!

Benati ist anfangs von stolzer Schweigsamkeit und antwortet nur mit verschwörerisch abwehrenden Andeutungen, als er nach seinem Vorhaben in Verona gefragt wird. Die anderen werden neugierig und necklustig, sie setzen ihm zu, und es gibt ja in der Tat Dinge, die schwer zu verschweigen sind, besonders wenn man einen Beruf hat, der zur Redseligkeit verpflichtet, und wenn man überdies in Grappawolken einherstolziert.

Der Maurer Emiliani ist natürlich am erpichtesten auf das Geheimnis der Kiste, denn er möchte doch endlich die Vorzüge seines amerikanischen Patentöffners beweiskräftig dartun dürfen.

Kurz, Benatis Andeutungen geraten in Zusammenhang, plötzlich hat er die Geschichte erzählt, die Kiste wird geöffnet, und nun können die Männer sich

kaum fassen vor Lachen über diesen Teufelskerl von Friseur, der sie so wunderbar zum Besten gehabt hat; denn in der Kiste befinden sich, sorglich in Holzwolle verpackt, vier große Glasbüchsen voll Honig.
Benati, der, wie man in solchen Fällen wohl sagt, den Kopf verloren hatte, blieb die Nacht über in Desenzano und kehrte am folgenden Tage gefasst heim. Die Haushälterin stand am Hafen.
»Alles besorgt?«, fragte sie.
»Alles besorgt«, antwortete Benati.
Benati liebte es, seinen Kunden Ratschläge gesundheitlicher Natur zu geben, was ja sein Beruf ihm nahe legte. Bald nach den erzählten Vorkommnissen begann er, ihnen die Tugenden des Honigs zu rühmen.
»Seit ich einmal darauf verfallen bin – es war ein reiner Zufall –, gar nicht mehr leben könnte ich ohne mein Löffelchen Honig frühmorgens auf nüchternen Magen! Das reinigt, das gibt glatte Säfte, damit kann man zu Jahren kommen!«
Dieser oder jener folgte seinem Rat, und Herr Esposito, Gemeindeschreiber in einem der Nachbarorte, der als Imker am ganzen See einen Ruf hatte, Herr Esposito durfte ein kleines Ansteigen seines Absatzes buchen. Über Esposito wird noch einiges zu berichten sein.
Erwähnen wir zunächst noch, dass der Nachlass des Dichters einstweilen von der Behörde in Pflegschaft genommen wurde, dass die Haushälterin in ihr lombardisches Geburtsstädtchen übersiedelte, dass die

Firma Gebrüder Serra, Jagdtrophäen und Ausstopferei, Verona, Via Mazzini, illiquide wurde, daher in Liquidation geriet, und dass erst eine geraume Weile später aus Reval ein allem Exzentrischen entschieden abgeneigter, des Italienischen durchaus unkundiger Vetter des Dichters eintraf, um die Hinterlassenschaft zu übernehmen und aufzulösen, so kann es nicht wundernehmen, dass dem Haupte des Poeten von keiner Seite nachgefragt worden ist.

Man könnte nun versucht sein, sich allerlei Begebenheiten voll grausiger Humore zu erdenken und sich etwa auszumalen, wie der Kopf des Dichters, geschehener Verwechslung zufolge, irgendwo als Silberhochzeitsgeschenk aus seiner Kiste gepackt worden ist oder als anzumeldendes Muster in der Kanzlei eines Patentanwalts oder als »4 Kilo ff. Kanarienvogelfutter wie gehabt« bei einer freundlichen alten Dame. Da ja aber das Leben mit den Abschlüssen solcher kleiner Geschehnisketten anders zu verfahren pflegt als die Geschichtenschreiber, nämlich bald erfinderischer, bald weniger erfinderisch, wir uns auch genau an die Wahrheit halten wollen, so ist zu berichten, dass sich nichts dergleichen ereignet hat. Vielmehr sah, etwa um die gleiche Zeit, da in jener Wirtschaft unweit des Bahnhofs von Desenzano Benatis schön gepflegte Hände und Emilianis amerikanischer Patentöffner sich um die Kiste mühten, der bergauf steigende Gemeindeschreiber Esposito das Ziel seiner Wanderung vor und über sich, nämlich eine hoch gelegene Wassermühle, von der ihn nur

noch zwei Wegekehren trennten; außerdem aber sah er noch etwas anderes.
Esposito hatte, um den Frühdampfer zu erreichen, schon um vier Uhr von Hause aufbrechen müssen; kein Wunder, dass er unterwegs den Morgenschlummer nachgeholt, ja, an seiner Haltestelle, einige Stationen vor Desenzano, fast das Aussteigen verschlafen hatte. Im letzten Augenblick erwachte er, ergriff im Halbdunkel der Kajüte seine Tabakregiekiste und stürzte vom Schiff. Ziel seiner Reise war die verwitwete Mühlenbesitzerin, die er mit seinem berühmten selbst gewonnenen Honig zum Namenstage in allerlei Hoffnungen zu beglückwünschen gedachte.
Als er jetzt die Witwe droben im Mühlengärtchen eng umschlungen von einem anscheinend recht stattlichen Mann erblickte, da stieß er einen Fluch aus und schleuderte das ihr zugedachte Geschenk mit einem zornmütigen Ausholen in die Felsenspalte, die sich unweit des Serpentinenweges hinzieht. Zwar bereute er das gleich im nächsten Augenblick, denn der Mensch soll ja seine Leidenschaftlichkeit im Zaum halten können, und der Honig wäre noch verkäuflich gewesen. Allein zu ändern war nichts mehr; in die schmale, wohl zweihundert Meter tiefe Spalte zwischen den glatten Steinwänden ist noch nie eine Ziege gelangt, geschweige denn ein Mensch.
Hier also wird im Laufe der Zeit die Kiste zerfallen und auch ihr Inhalt, und zuletzt wird er allerlei Pflanzen Kraft zu ihrem Wachstum geben, wie das ja in der natürlichen Ordnung der Welt bestimmt und auch

unseren Köpfen einmal zugesonnen ist, ob wir sie nun in der Provinz Estland oder in der Provinz Verona oder in irgendeiner anderen Provinz der Erdkugel auf den Hälsen tragen. Uns, die wir des Glaubens sind, es solle in Gottes Schöpfung kein Ding mit kleinen Kunstgriffen seinem vorbedachten Ablauf entzogen werden, uns will es scheinen, als sei hiermit ohne Strenge und auf eine zurückwirkende Weise auch alles Verquere im Leben des Rutz wieder ins Gleiche und Natürliche gebracht. Und so hat sich uns mit Hilfe des Friseurs Benati, des Grappa und einiger anderer Umstände die ewige Verlässlichkeit der Schöpfung von neuem erwiesen.

Spitzbubennovelle

Der Wille der Vorsehung, meine lieben Brüder, welchem wir ja alle untergeben sind, mögen wir nun Kardinäle oder Stuhlflechter sein, hat es so gefügt, dass niemand von uns eine jede Hantierung in gleicher Vollkommenheit ausüben kann, sondern es ist der eine in dieser, der andere aber in jener ein Meister. Darum ist es gut, wenn wir einander Gehilfen sind.

Pierluigi verstand sich nicht auf das Schreiben und Lesen, war aber im Stehlen so gewandt, dass ihm niemand gleichkam. Pierleone nun konnte nicht stehlen, weil dazu eine entschlossene Kühnheit verlangt wird, doch war er sehr bewandert in allen Schreibkünsten und kannte viele Amtspersonen, weil er lange Zeit einem Notar gedient hatte. Deshalb nutzten die beiden einander, ein jeder mit seinen Künsten. Denn warum sollen nicht auch Spitzbuben miteinander ehrlich sein, da doch die ehrlichen Leute oft spitzbübisch unter sich sind? Sie hatten aber ihre gemeinsame Wohnung jenseits des Tibers, hinter der Kirche der heiligen Cäcilia, in jenem großen gelben Hause, in welchem heute die hübsche Nina mit der Narbe wohnt; diese kennt ihr ja alle. Es ist nicht leicht, an ihr vorüberzugehen.

Nun schweigt die Erzählung von Pierluigi und Pierleone und berichtet von dem Krämer Bartoli, der mit seiner Frau Carlotta im gleichen Stadtviertel lebte. Er war kahlköpfig und dick und glich unserem guten Schenkwirt Bagnara, von dessen Hahnreischaft so viele ergötzliche Geschichten im Umlaufe sind. Und der Wahrheit gemäß muss ich sagen, dass Carlotta noch viel hübscher war als die Frau unseres guten Bagnara, ja selbst als die gelbhaarige Nina mit der Narbe, ob ihr dieses auch für unglaubwürdig halten mögt. Darum war denn Bartoli argwöhnisch und bewachte seine Frau sehr sorgfältig, aber, wie sich sogleich zeigen wird, nicht sorgfältig genug.

Pierluigi kommt in den Kramladen, um sich eine Kleinigkeit zu kaufen, ein Lot Pfeffer oder eine Kerze, und dabei, wie das sein Gebrauch ist, die Gelegenheit auszuspähen. Während er sich aber noch umschaut und dabei mit Bartoli vom Wetter spricht, sieh, da tritt Carlotta in den Laden, und nun weiß Pierluigi ganz genau, dass er sich in diesem Hause etwas anderes holen wird, als er sich zu Anfang vorgesetzt hat. Von nun an kommt er öfter, kauft dieses, kauft jenes, plaudert mit dem Krämer und hütet sich wohl, etwas davonzutragen. Er wird auch mit Carlotta bekannt, die ihr Wohlgefallen an ihm findet, denn er ist ja gut gewachsen und versteht sich auf das Wortemachen. Weil aber der Mann misstrauisch ist und nur selten auf Augenblicke den Laden verlässt, so gelingt es Pierluigi wohl, die Frau merken zu lassen, welche Gesinnungen er gegen sie hat, nicht aber zu jenem Ziele zu gelangen, welches er sich, wie ihr begreifen werdet, so sehr wünschen musste.

In dieser Weise verging einige Zeit, während welcher Pierluigis Begierde immer heftiger wurde. Mit rasch geflüsterten Worten, mit hastigen kleinen Zärtlichkeiten hatten sich beide in ein Verständnis gesetzt, welches dem Krämer Bartoli verborgen blieb. Allein damit war beider Durst, zu dessen Stillung es an der Gelegenheit mangelte, nur um so grimmiger geworden.

Eines Tages sprach Bartoli zu seiner Frau: »Ich habe nun den Entschluss gefasst, meine Liebe, künftigen Montag mich nach Ostia zu begeben; denn es ist dort ein Schiff eingelaufen mit allerlei Waren und Gewürzen, und wenn ich meinen Bedarf vom Schiffseigner kaufe, statt mich der Vermittlung eines Großhändlers zu bedienen, so kann ich eine schöne Ersparnis machen.«

»Das ist sehr gut«, erwiderte die Frau. »Reise nur hin und mache die Ersparnis. Ich werde das Haus wohl hüten.«

»Es muss aber nicht nur das Haus gehütet werden, sondern auch meine Ehre«, sagte Bartoli und gab sich Mühe, oberhalb seines Bauches die Brust hervorzupressen, welches lächerlich aussah. »Und da ich keine Lust habe, Hörner jener Art zu empfangen, welche nicht einmal den bösen Blick abzuwehren taugt, so sollst du mir jetzt gleich einen Eid auf den Gekreuzigten tun, dass du während meiner Abwesenheit das Haus nicht verlassen, keinen Mann ansehen und mit keinem Manne ein Wort sprechen wirst. Mag den Laden unsere Bedienerin versorgen, und am Mittwoch früh bin ich ja wieder zur Stelle.«

»Es schmerzt mich«, antwortete Carlotta, »dass mein Herr mir misstraut, die ich ihm doch nie eine Ursache dazu gegeben habe.«
Allein es half ihr nichts, und sie musste den Eid tun.
Nun schweigt die Erzählung von dem Krämer Bartoli und seiner Frau und berichtet von dem Stehler Pierluigi und dem Schreiber Pierleone, bei welchen in der Frühe des nächsten Morgens ein Botenjunge erschien. Er übergab dem Pierluigi einen Brief, der nach Rosenwasser roch, und empfing seinen Lohn. Pierluigi sagte: »Pierleone, lieber Freund, lies mir den Brief vor.«
Und Pierleone sagte: »Pierluigi, lieber Freund, in dem Briefe steht dieses geschrieben.« Und darauf las er.
Das wissen wir ja alle, dass der Eidbruch eine schwere und ernste Sünde ist, vor welcher die Menschen sich entsetzen; und dass der Ehebruch auch eine schwere Sünde ist, aber zugleich eine lächerliche, an welcher die Menschen ihre Heiterkeit haben. Darum war Carlotta entschlossen, ihren Eid zu halten und dennoch zu ihrem Vergnügen zu gelangen. Und so berichtete sie dem Pierluigi von ihrem Eide, beschrieb genau die Örtlichkeit der Hoftür, des Ganges und der Schlafkammer und bestellte ihn auf die Mitternacht, welche den Montag von dem Dienstag scheiden würde. Nur solle er kein Licht machen, denn sie dürfe ja keinen Mann ansehen, und nichts sagen, denn sie dürfe ja mit keinem Manne sprechen. Zum Schluss gab sie ihm viele liebe Worte und bat ihn, den Brief gleich zu verbrennen.

»Was denkst du von diesem Briefe, Pierleone, lieber Freund?«, fragte Pierluigi.

»Ich denke, dass dir der Himmel ein Glück bescheren will, Pierluigi, lieber Freund«, erwiderte Pierleone.

Der Brief wurde verbrannt.

Nun ging Pierluigi auf den Markt, um im Gedränge einige Taschen leer zu machen. Pierleone aber begab sich in Bartolis Kramladen und verlangte einen hölzernen Löffel. Während Bartoli den Kasten mit den Löffeln hervorsuchte, trat Carlotta aus der Wohnung hinter den Ladentisch. Pierleone betrachtete sie einen Augenblick, dann schlug er sich mit der Hand vor die Stirn und rief: »Wie doch der Mensch vergesslich sein kann! Nicht einen Löffel brauche ich ja, sondern ein wenig Schreibpapier und ein wenig Rosenwasser!«

Am Montagmorgen kam zu den beiden wiederum ein Botenjunge, übergab dem Pierluigi einen Brief, welcher nach Rosenwasser roch, und empfing seinen Lohn. Pierluigi sagte: »Pierleone, lieber Freund, lies mir den Brief vor.«

Und Pierleone sagte: »Pierluigi, lieber Freund, in dem Briefe steht dieses geschrieben.« Und darauf las er.

Pierluigi hörte ihm mit Verdruss zu; denn es stand in dem Briefe, Carlotta habe für einige Tage Besuch von ihrer Schwester aus Velletri bekommen und müsse mit ihr die Schlafkammer teilen. Also solle Pierluigi sich mit der Hoffnung auf eine bessere Gelegenheit trösten.

»Was denkst du von diesem Briefe, Pierleone, lieber Freund?«, fragte Pierluigi.

»Ich denke, dass wir dein Glück voreilig gelobt haben, Pierluigi, lieber Freund«, erwiderte Pierleone.

Pierluigi saß an diesem Abend zu Hause mit sehr verdrießlichen Gedanken, wie sie wohl ein jeder von uns auch gehabt hätte. Pierleone aber ging fort, indem er erklärte, er habe versprochen, einige Polizeisoldaten zu bewirten, damit sie Pierluigi auf dem Markt keine Ungelegenheiten bereiteten. Dies tat er auch in aller Pflichttreue und Redlichkeit; kurz vor Mitternacht aber verabschiedete er sich von ihnen und begab sich zum Hause des Kramers Bartoli. Indem er mit Sorgfalt alle Vorschriften der Frau befolgte, gelangte er in ihre Schlafkammer, und nun hatten sie stillschweigend im Finstern miteinander ihre Ergötzlichkeit.

Als er heimkehrte, hörte er Pierluigi sagen: »Ich weiß, dass es ungerecht ist, Pierleone, lieber Freund, aber ich habe einen solchen Zorn auf Carlottas Schwester aus Velletri, dass ich ihr etwas antun möchte.«

Und Pierleone erwiderte: »Das ist in der Tat ungerecht, Pierluigi, lieber Freund, denn Carlottas Schwester aus Velletri hat dir ja nichts Böses zufügen wollen.«

Pierluigi sagte: »Du hast Recht, Pierleone, lieber Freund, aber ich muss ihr dennoch etwas antun.«

Als es Tag geworden war, begab sich Pierluigi in Bartolis Laden, kaufte einige Kleinigkeiten und plauderte ein wenig mit der Bedienerin. Dabei erfuhr er, dass es keine Schwester aus Velletri gab. Nun wandte sich sein Zorn gegen Carlotta, von welcher er glaubte, sie habe ihn zum Narren gehalten. Weil er sich aber schämte, machte er Pierleone keine Mitteilung von dem, was er im Laden gehört hatte.

Als es Nacht geworden war, verbarg sich Pierluigi in einem Torwege gegenüber dem Hause des Bartoli; denn er beabsichtigte in den Laden zu gelangen und hier eine Beute zu machen, einmal, weil das ja sein Gewerbe war, und zum zweiten, weil er Bartoli und seiner Frau einen Schaden tun wollte. Er musste aber noch eine Weile warten, denn es gingen noch Leute über die Straße. Endlich war es still geworden und Pierluigi wollte sich bereits an sein Werk machen; allein da kam ein Mann die Straße hinunter, sah sich vorsichtig um und schlüpfte durch das Seitenpförtchen ins Haus. Nun merkte Pierluigi, dass Carlotta ihm einen anderen vorgezogen hatte, und sein Zorn wurde noch größer.

Er wartete noch eine kleine Weile und schlich dann dem Manne nach, auf dem Wege, welchen Carlotta ihm beschrieben hatte, und als ein Meisterdieb tat er dieses, wie ihr euch denken könnt, ohne das leiseste Geräusch. Er gelangte durch den Gang bis an Carlottas Schlafkammertür, legte sein Ohr an das Schlüsselloch und erkannte nun wohl, was in der Kammer geschah.

Jetzt wollte er sich nach der Tür umsehen, welche vom Gang in den Laden führte, und ließ darum aus seiner kleinen Blendlaterne einen schmalen Streifen Licht durch den Gang fallen, während er das Schlüsselloch mit seinem Rücken zudeckte. Dieser Lichtstreifen zeigte ihm etwas, das zu sehen er nicht erwartet hatte, nämlich Pierleones Hut und neuen Mantel, welche an einem Haken im Gange hingen. Es war aber dieser Mantel nicht mit einem anderen zu verwechseln, denn sein Schnitt und seine Farbe waren auffallend, dazu hatte Pierleone ihn nach seinem Geschmack mit Borten und Pelzwerk besetzen lassen.

Pierluigi dachte eine kleine Weile nach, dann vertauschte er Pierleones Mantel mit seinem eigenen und begab sich in den Laden, dessen Schloss er mit Hilfe seiner Diebswerkzeuge öffnete. Er sprengte den Kasten, welcher das Wechselgeld enthielt, und nahm außer diesem noch so viel Waren zu sich, wie er in den geräumigen Taschen seiner Kleidung unterbringen konnte; hierbei wählte er solche Gegenstände, welche mit dem geringsten Umfang den höchsten Wert verbinden, nämlich Dinge aus Metall, Schildkrot, Elfenbein und geschliffenem Glase. Nun warf er Pierleones Mantel unter den Ladentisch, verließ das Haus und begab sich zu seinem Hehler, welcher am Marcellus-Theater wohnte und ihm für seine Beute den gewöhnlichen Preis zahlte. Hierauf kehrte er in seine Wohnung zurück und legte sich zu Bett.

Eine Stunde danach kam auch Pierleone und wollte Licht machen.

»Ich bitte dich, Pierleone, lieber Freund«, sagte Pierluigi gähnend, »lege dich heute im Dunklen schlafen, denn ich bin sehr müde, und das Licht würde mich stören.«

Das sagte er aber, damit Pierleone die Vertauschung der Mäntel noch nicht gewahr werden sollte. Denn dass er ihrer bisher noch nicht inne geworden war, das ließ sich an seinem ganzen Gehaben merken, und er hatte ja auch Bartolis Haus im Finstern verlassen, und dazu waren seine Gedanken von Carlotta erfüllt gewesen.

Nun schweigt die Erzählung von Pierluigi und Pierleone und berichtet von dem Krämer Bartoli, welcher am nächsten Morgen aus Ostia zurückkehrte und mit seinen Geschäften sehr zufrieden war. Als er aber seinen Laden betreten hatte, da erhob er ein lautes Geschrei, und nun liefen auch Carlotta und die Bedienerin hinzu, und alle sahen sie, dass hier in der Nacht gestohlen worden war. Bartoli prügelte seine Frau und wollte auch die Bedienerin prügeln. Diese aber verkroch sich unter den Ladentisch und rief: »Prügelt mich nicht, prügelt mich nicht, wir werden den Dieb schon fangen, er hat ja seinen Mantel hier liegen lassen!«

Bartoli erkannte den Mantel und schrie: »Er gehört dem Manne, der das Schreibpapier und das Rosenwasser gekauft hat, zwei Tage bevor ich nach Ostia ging!«

Und nun erkannte auch die Bedienerin den Mantel und schrie: »Prügelt mich nicht, prügelt mich nicht, er gehört einem Manne, der hinter der Kirche der heiligen Cäcilia wohnt, ich habe ihn manches Mal in diesem Mantel auf der Straße gesehen!«

Hierauf nahm Bartoli den Mantel und rannte zur Polizei.

Inzwischen waren Pierluigi und Pierleone aufgestanden.

Pierluigi fragte: »Pierleone, lieber Freund, warum machst du ein so nachdenkliches Gesicht?«
Pierleone antwortete: »Pierluigi, lieber Freund, ich denke darüber nach, wo mein neuer Mantel hingekommen sein kann. Ich habe ihn gestern Abend getragen und beim Heimkommen über den Stuhl gehängt.«
»Ja, da kann ich dir keinen Bescheid geben, Pierleone, lieber Freund«, sagte Pierluigi.
Während Pierleone noch nach seinem Mantel suchte, kamen zwei Polizeisoldaten, deren einer den Mantel über dem Arme trug.
»Ist das dein Mantel, Pierleone?«, fragte er.
»Bei Gott, das ist er«, antwortete Pierleone erstaunt.
»Nun, dann bist du auch der Dieb«, sagte der Polizeisoldat und berichtete von der Anzeige, welche der Krämer Bartoli erstattet hatte.
»Du hättest nicht Dinge unternehmen sollen, von denen du nichts verstehst, Pierleone, lieber Freund«, sagte Pierluigi. »Warum bleibst du nicht bei deinem Gewerbe und lässest mir das meinige?«
Pierleone konnte nicht begreifen, was geschehen war, und beteuerte, er wisse von nichts.
Allein die Polizeisoldaten glaubten ihm kein Wort, und er musste ihnen eine sehr ansehnliche Summe bezahlen, damit sie ihren Vorgesetzten und dem Krämer Bartoli erklärten, der gefundene Mantel sehe zwar dem Mantel Pierleones sehr ähnlich, sei aber dennoch ein anderer. Den Mantel nahmen sie wieder mit sich, und Pierleone musste ihn verloren geben.

Von nun an lebten Pierluigi und Pierleone wieder einträchtig und in Redlichkeit miteinander, und es war von der Angelegenheit nie wieder die Rede. Hiermit endet die Novelle von den beiden Spitzbuben, dem Krämer und seiner Frau. Außer den beiden Polizeisoldaten ist ein jeder in ihr gefoppt worden, zugleich aber kann sie aus Achtung vor den Wissenschaften lehren, welche ja vom Schreiben und Lesen ihren Ausgang nehmen. Ehe ihr aber meine Novelle lobt – denn loben werdet ihr sie gewisslich –, wollen wir auf unseren guten Schenkwirt Bagnara und auf seine hübsche Frau trinken. Wem es aber besser gefällt, der mag an die gelbhaarige Nina mit der Narbe denken. Dieses halte nun ein jeder nach seinem Belieben.

Nachwort

Aus den ehemals sesshaften deutschen Balten wurden zu Beginn des 20. Jahrhunderts unter dem Druck der politischen Verhältnisse Heimatlose. Sie verließen Lettland und Estland unter Tränen. 1939/40 wurden die letzten in den besetzten polnischen Gebieten im westlichen »Warthegau«, wie es hieß, »ordnungsgemäß angesiedelt«, nicht ahnend, dass sie nach wenigen Jahren würden weiterziehen müssen auf der Flucht nach Westen.

Über die Hälfte von ihnen sind dann ausgewandert, meist nach Kanada und in die USA. Etwa 50 000 deutsche Balten leben heute in der Bundesrepublik und halten die Erinnerungen wach an das wunderliche Land, das sie einst als das »Herzstück der Welt« angesehen hatten. Nomaden sind sie geworden, Emigranten, die aber bald ihre Eingliederung anstrebten. Heute in der dritten Generation sind sie wieder sesshaft, und zahllose von ihnen reisen neugierig in die Länder ihrer Vorfahren, um deren Erinnerungen verstehen zu können.

Die waren jahrhundertelang in den Ostseeprovinzen Kurland, Livland und Estland ansässig gewesen. Reisen waren damals selten. Wer in der Stadt wohnte, zog im Sommer aufs Land und nahm in geräumigen

Kutschen den gesamten Hausrat mit. Die Familien auf den Gütern fuhren winters zwar im Schlitten oder mit der Kutsche »auf Achse« zu nachbarschaftlichen Besuchen, aber große Reisen unternahmen nur Einzelne:

Junge Leute reisten der Bildung wegen wohl nach Rom oder Florenz, Damen fuhren zur Kur nach Meran oder Davos, denn die Lungenschwindsucht grassierte. Bis 1867 gab es Reisen in staatlichem Auftrag aus St. Petersburg in die russischen Kolonien von Alaska, mit denen auch baltische Beamte, Kaufleute und Offiziere betraut wurden. Und aus Riga oder Reval brach man auf, um die deutsche Schule in Lübeck zu besuchen, um die Verwandtschaft in Dresden zu sehen oder die Tochter zu trösten, die es durch Heirat bis nach Leipzig verschlagen hatte und die an Heimweh litt.

Um 1820 fuhr man noch zu Schiff von Riga über Kopenhagen nach Hamburg und von dort weiter ins Sächsische. Da es noch keine reguläre Dampferverbindung zwischen Riga und Lübeck gab, war man auf ein eigenes Schiff angewiesen und wurde den Strapazen des Wetters, der Seekrankheit und oft genug auch dem Mangel an Proviant mindestens drei Wochen lang ausgeliefert.

Trotzdem war man »weltläufig«. In der »Düna-Zeitung« aus Riga konnte man politische Mitteilungen lesen, man hörte vom großen alten Kulturstaat England, vom feindseligen »Franzmann«, vom Burenkrieg, man erschrak über den russisch-japanischen

Krieg, an dem die Balten als russische Untertanen teilnehmen mussten, man erlebte schmerzlich den Ausbruch des Ersten Weltkriegs mit und begrüßte stürmisch die deutschen Okkupationstruppen bei ihrem Einmarsch.
Aus Deutschland waren im 19. Jahrhundert Pastoren, Lehrer, Ärzte, Wissenschaftler und Gouvernanten gekommen und im Baltikum heimisch geworden. Durch sie erfuhr man von den kulturellen Bestrebungen im Mutterland, von den Tendenzen der Aufklärung, vom verehrungswürdigen Friedrich Schiller. Richard Wagner und Johann Strauß gastierten in Riga wie in St. Petersburg. Das baltische Standesbewusstsein blieb dem Westen immer verbunden.
Unter den Letten und Esten erwachte nach 1860 ein starkes Nationalbewusstsein. Das Aufblühen der Industrie, die Erschließung des Landes durch die Eisenbahnen begünstigte revolutionäre Umtriebe. Der russische Anarchist Michail Alexsandrowitsch Bakunin (1814–1876) hatte in Deutschland Philosophie studiert und kannte in Paris P. J. Proudhon und Karl Marx in Berlin. Als Revolutionär nach Sibirien verbannt, nach London entkommen, hat er sich später an der Ersten Internationale beteiligt – all das wäre ohne die neuen Eisenbahnverbindungen nicht möglich gewesen.
Dass aber Damen allein reisten, war unschicklich. Man erzählt, dass ein reicher Rigenser Kaufmann die Verlobung mit seiner standesgemäßen Braut gelöst

habe, weil sie »allein« die Reise von Riga nach Hamburg unternommen hatte.
Aber auch Hochzeitsreisen waren selten, man blieb im familiären Umkreis. Ging ein Familienmitglied auf Reisen, so wurde die Post mit Spannung erwartet. Die Ankunft eines Briefes machte den Tag zum Fest. Nach langen Monaten der Trennung wurden die Heimkehrenden mit Jubel begrüßt. Der Souvenir-Kult blühte, und der mitgebrachte schiefe Turm von Pisa in Marmor wurde ebenso bestaunt wie die alabasterne Seufzerbrücke Venedigs. Die japanische Samtdecke, mit merkwürdigen Figuren bestickt, die der Vetter aus dem russisch-japanischen Krieg mitgebracht hatte, oder die Petersburger Lampe in honiggelbem Glas, die in einem blauen Bassin mit zwei silbernen Krokodilen stand, schmückte den »Saal« im Hause. Selten waren die Familien unter sich. Fast den ganzen Sommer über bevölkerten Tanten, Vettern und Freunde die Güter, man kam und blieb. Die Weitgereisten bereicherten dann ihre Erzählungen aus den fernen Ländern mit »Fifferullchens« und »Absettchens« (Zierrat). Baltische Fabulierfreude wurde sprichwörtlich und kam dem Unterhaltungsbedürfnis der Zuhörer gerne nach.
Es soll aber auch Kurzangebundene gegeben haben, die auf die Frage »Lieberchen, erzähl, was hast du vorgefunden?« lakonisch antworteten: »Narren! Blanke Narren!«.
Und von solchen Narren aus der großen Welt jenseits der baltischen Grenzen berichtet auch der Balte Wer-

ner Bergengruen, der 1892 in Riga geboren wurde. Liebevoll erzählt er von den merkwürdigen Menschen, die er in Italien, in Frankreich, in Deutschland, in St. Petersburg und sogar in Alaska ansiedelt.

Dem Leser mag es scheinen, als haben solche leichtfüßigen Grenzüberschreitungen wenig mehr mit Zollschranken und Verkehrsmitteln zu tun. Über alle Grenzen hinweg gehen diese Geschichten, und von ihnen sagt Bergengruen in seiner Erzählung »Abschied« (Hamburg 1939):

»Ich will lieber an solche Dämmergespinste glauben als an Gesetzesbücher und Tabellen, an Berechnungen und Proklamationen. Ich bin ein Narr, und du, der du mir hast zuhören mögen, du wirst meiner Narrheit einiges zugute halten ...«

N. Luise Hackelsberger

Quellenhinweis

Erstveröffentlichungen der Novellen

»L'Inconnue«
in: »Der Teufel im Winterpalais«, Leipzig 1933

»Süße Jugend«
in: »Die Schnur um den Hals«, Berlin 1935

»Der Seeteufel«
in: »Der Tod von Reval«, Hamburg 1939

»Die Heiraten von Parma«
in: »Die Heiraten von Parma«, Hamburg 1940

»Bravo! Bravo!«
in: »Der letzte Rittmeister«, Zürich 1952

»Die Klassenbücher«
in: »Die Heiraten von Parma«, Hamburg 1940

»Der Alte«
in: »Der dritte Kranz«, Zürich 1962

»Die Charakterprobe«
in: »Der letzte Rittmeister«, Zürich 1952

»Poplawkin«
in: »Der dritte Kranz«, Zürich 1962

»Der Kirschkern«
in: »Die Heiraten von Parma«, Hamburg 1940

»Arge Versteigerung«
in: »Begebenheiten«, Berlin 1935

»Der Kopf«
in: »Der Tod von Reval«, Hamburg 1939

»Spitzbubennovelle«
in: »Die Leidenschaftlichen«, Hamburg 1939